ANIMESTYLE ARCHIVES

劇場版
若おかみは
小学生！

絵コンテ
高坂希太郎

アニメスタイル編集部 編

[本書籍について]

　本書籍「劇場版『若おかみは小学生！』絵コンテ 高坂希太郎」は、劇場版『若おかみは小学生！』の絵コンテを収録したものである。絵コンテとは各カットの構図、セリフ、動き等を記した映画の設計図であり、劇場版『若おかみは小学生！』では絵コンテの全てのページが、監督である高坂希太郎によって描かれている。
　編集にあたって、制作現場で使われた「絵コンテ決定稿」を原本として作業を進めた。ただし、制作時のスキャンデータを使うのではなく、高坂監督の鉛筆画による生原稿を改めて書籍用にスキャンし、そのデータを使用している。
　劇場版『若おかみは小学生！』は制作過程においてシーン単位、あるいはカット単位で描写の追加や削除、あるいは変更が行われている（その理由については、巻末の高坂希太郎監督インタビューをご覧になっていただきたい）。そのため、「絵コンテ決定稿」に存在するが、完成した作品では無くなっているシーン、カットがある。また、ここからセリフ等の変更も行われている。
　「絵コンテ決定稿」を原本としているが、「絵コンテ決定稿」と本書籍に収録した絵コンテには微細な違いがある。制作現場で使われた「絵コンテ決定稿」には、使われないことが決まったカットに、パソコン上の処理で「×」マークが付けられているのだが、本書籍では読みやすさ、美しさを優先して「×」マークを付けないかたちとした（高坂監督が手描きで「×」マークを入れた箇所はそのまま収録している）。また、各パートの扉は「絵コンテ決定稿」ではカット番号等のデータが記されていた。本書籍では同じデータを、デザインを施して掲載した。
　また「絵コンテ決定稿」以前の段階で描かれたものの、使われなかったパートも存在する。それらのパートで、絵コンテが現存するものについては「未使用コンテ」として、巻末に収録した。

CONTENTS

A パート　[Cut 0001—Cut 0414]　———　003
B パート　[Cut 0415—Cut 0651]　———　145
C パート　[Cut 0652—Cut 0911]　———　235
D パート　[Cut 0912—Cut 1276]　———　333

絵コンテ決定稿と完成作品の主な差異　———　470
高坂希太郎監督 インタビュー　———　472
未使用コンテ　———　480
作品データ　———　487

若おかみは小学生！
絵コンテ

A
パート

C-001〜C-414
（28分16秒6コマ）

CUT	PICTURE	ACTION	DIALOGUE	TIME
1		流山の森 F.I		
		森が切れ 新東名が見える カメラは移動中の 車を追う		
		富士山が見える	お題スタート	7+0
2		白濁した湯を 吐く石の龍	0:24我々より スタート	4+0
3		神社の手水舎から湯気出てる 行き交う人々	参拝の家団 「あ、たがーい」 「温泉ぽって感じだね」	5+0
4		梅の湯神社の お祭り 境内		4+0

4

No. _____

CUT	PICTURE	ACTION	DIALOGUE	TIME
5		スタート 0:38回り		6+0
6		0:39スタート		6+0
7		幕はない 26-6 0:45:34から カメラいっぱい浅いずみ 幕が開き観客と拍手 観客達 が湧く	「う── 鼠氏くーん! キャー」等	
		ﾀﾞｯｼｭ in		
				9+0

5

CUT	PICTURE	ACTION	DIALOGUE	TIME
8		立ちがいっぱい後からPan Down ステール 0:54に思わす		
		本人半回転して双方鈴を中心にかけ回り出す。		
				10+0
9		鳥居くんの袖ボケ 画面いっぱいが Fr.012		
		オッっ等閑親子見える		3+0

CUT	PICTURE	ACTION	DIALOGUE	TIME
10		〜向き直るオッコ 楽しいのがつまらないのがハッキリしない表情	おばあちゃん「おこ」	
				2+12
11		父、オッコへふり向く 母振り向く 合気の	父「そもそも、ここの温泉はね、野生の動物たちが湯に浸って、ケガを治してるのを見た	8+0
12			ご先祖さまが生活に取り入れたのが始まりなんだ」	
		ラスト 1:24:通り		7+0

CUT	PICTURE	ACTION	DIALOGUE	TIME
13		奥に角誠子見える ↓PANカメラ	父 「花の湯温泉の大浴は誰よも花もない動物モノイ何も」 父のこばれ	
↓		ふり向くカッコ	フシのナナ(泉水さん) 「キャー、静忠朗くーん」 フシのみ(向坂さん) 「鳥居くーん!!」	6+0
14		(1同)		
↓		むっこ「すたがし、と言 空にふり返るカッコ	むっこ 「みんなを愛ける山 …では」	4+0
15		むっこ正面見てカッコ むっこラバ絵山の前に	父「え?」 むっこ 「ムムム、なにでもない」	
↓		父、むっこを抱き寄せ (父、少し困惑気味) ナカット奈面 向く	父 「… お父さん達が子供の頃 はさ」	6+0

CUT	PICTURE	ACTION	DIALOGUE	TIME
16		12コマ P	☆ 「一度はこの神輿に 憧れがいたもんなん だよ！」	
		大写しに		
		¼回転		
		後を向いて並ぶ しゃがむ		3+0
17		しゃがむと 真剣な表情の 演者さん		
				4+1

9

CUT	PICTURE	ACTION	DIALOGUE	TIME
18		15日ポ	オッコ「ウソー」女「本当だよ」	3+0
19		母	「お母さんは今も舞ってみたいな」	3+0
20		父+	女「ほうね…」	1+12
21		その場で一回に舞う母親♡	母「はっ…」周囲の人をなごます	4+0
22		(00:02:41～辺りのオッコ方)　おっこ	「シシシシ…(笑)　だって、そうぞうぞ帰ったいえまた洗濯だよ！」	5+0
23		両親 オッコ見る ①向かざし	神楽のパートへ　↳の音よし	

10

CUT	PICTURE	ACTION	DIALOGUE	TIME
18		セクのポジゲい 立ち上がる 2人 ほ子を正して 次の動作へ		3+0
		—変更分—		
				( )

CUT	PICTURE	ACTION	DIALOGUE	TIME
		娘が可愛い カベ尻歯を食いしばり ながらのヤツ	父 「またまた… オッコは早く帰り すぎだけ だろ?」	5+0
24				
		父オッコの ホッペを軽く つまむ	オッコ 「違う——」	
				3+0
25			両親 「(笑)……」	2+0
26		肩を掴り凄む 鳥居くん BG黒ボカ	向井さん 「キャー鳥居くーん」	

12

No. _____

CUT	PICTURE	ACTION	DIALOGUE	TIME
		神楽海岸にむ		3+0
		2:09:30ツリ 暑.0K		
27		再び東名高速 車窓 → Follow		
		富士山消える	矢巾 「お義母さんに挨拶 してみたいな」	4+0
28		→ Follow	田中 「今日は滞在だから 忙しいし」	4+0

CUT	PICTURE	ACTION	DIALOGUE	TIME
29		車名高速下り車線	父off 「お義母さん、いくつ だっけ？」 母 「84才よ」	5+0
30		30 6個目	父off 「旅館の仕事は大変 だなぁ…」	3+0
31		パンたん バックミラー助かるが 正面へ 活題で変える母	⊕ ぞっこ ⊕「なに？」 ⊕「花の湯温泉のね。 花の湯温泉のお湯は 神さまにいただいたお湯、 2言われてるの」	10+0
32		更にオッコに向き かっ興奮気味	母 「でから感謝をこめ て、毎年選ばれた子たち が踊るのよ」	5+0
33		うっこい 2:47：ピン	母off 「お母さん、オッコが踊 るところを見てみたいな」 ⊕お神楽の音 F.I	5+0
34		オッコ僕がに 母の興奮が伝ふ 3Uけっぷ	父off 「そうだね」	2+0

CUT	PICTURE	ACTION	DIALOGUE	TIME
		くるっと回る役者の足元		
		35回す		
35		follow		2+0
36		8回	A.C 2:53:35より	2+12
37		椰川なる上びの向う に弓を描える村人を 見る ラスト 2:56:00切りつ		2+12
38		29回す		

CUT	PICTURE	ACTION	DIALOGUE	TIME
38		反対車線に不穏な現象	才能子の演漫 のみ！	2+12
39		ヲイノオ それに気付く虎家族 乗り出す多難 Quick T.U	〜	1+12
40		オッコの髪が逆立つ！ 35向け Quick T.U	〜	1+06
41		ほぼ運転席から突込む トラック	〜	
		(ここまで1+12)	〜	
			神楽リバーブっ 苗の音止む	4+0

と 42〜48 く

CUT	PICTURE	ACTION	DIALOGUE	TIME
49		急ブレーキ掛ける後続車 / PanDownカメラ / トラックのカゲ落ちる	後続車のドライバー 「ム」	1+12
50		ギリギリ止まる	助手席の男 「あっぶねー」	
		そこへ 車のモガが落ちて来る！車体を沈む	SE 「バコーン」 2F 「わ、！」	4+12

17

CUT	PICTURE	ACTION	DIALOGUE	TIME
51		B.Lから (1+12) 2'2+		
		ギリ		5+0
52		カゴに車の屋根の上 T.B		2+12
53		ガソ場 F.Oカットまで 消えてゆく 49日ポ		

CUT	PICTURE	ACTION	DIALOGUE	TIME
54		雲ゆっくり流れる…		5+0
		オッコ意識が遠のき…		4+0
55		), A, C T, B 倒れるオッコ		
		車のドアが開き中からサラリーマン風の人が出て来る		
		駈け寄る人々ごみ		4+12

19

CUT	PICTURE	ACTION	DIALOGUE	TIME
56		O.L T.B W.O		5+0
57		オッコの自宅マンション 付近の風景		2+0
58		スニーカーを履く オッコ、かかとを踏ん でる		
		A.C 加え 踏んだかかとに指を ねじ込める (画面4.5)		2+12
59				

CUT	PICTURE	ACTION	DIALOGUE	TIME
		右足のみつま先 をトントン…		
		重いトランク持ち上げ		
		ふりむく		8+0
60		人気のない廊下 玄関のドアが開き 光が入る		2+12
61A		与り同ポ	オッ 「行って来ま一す」	
61B		ドア閉まる 61B	名残りのない挨拶の声 を通り過ぎるオッ	2+0 1+12

CUT	PICTURE	ACTION	DIALOGUE	TIME
62		複雑怪奇な電線の下を行きかう車とオッコ		
				5+12
63		中野新橋を渡るオッコ		
				2+12
64		電車にゆられる オッコ 窓に映込む風景.	(分岐き行?)	

No. _____

CUT	PICTURE	ACTION	DIALOGUE	TIME
65		窓の映り込み 東京夜の風景。 Follow マレる		
		トンネルに入る		
		車内燈のルTに 照らされる		6+0
		急に脱？気な旋速に を見て微笑む		
		子供が落としたその筆 にオッつかけてる		
		トンネルから出る 東京夜の風景。 (1+12)		6+0

23

CUT	PICTURE	ACTION	DIALOGUE	TIME
66		花の湯温泉駅 から出て来るオッコ ゆっくりFollow マルチ→3コマ		
		迷いなく歩き進む		4+0
67		しだれ柳の葉 ゆれる ゆっくりFollow &マルチ3コマ 花の湯温泉街のゲート		3+0
68		ＱFollow ↓ゆっくりクレーン 　　Down + Follow 　　(3D) 温泉街マーケ マルチボケ.T.U		4+0
69		店の外に 歩くオッコ見える Pan ゆっくり		3+0

24

CUT	PICTURE	ACTION	DIALOGUE	TIME
70		湯気の上がる花の湯温泉街.		
		↑ Pan up		
			キッコ「こんなに歩いたの〜…」	
		トランクを押し出す様に持ち替えて加速して歩く		
		↓ カット尻 Pan up 開始	キッコ「はっはっはっ…」 SE (トランクのキャスター音)「ゴロゴロゴロ…」	8+0
71		俺がかいT.V -ブレイクかま-		2+12

CUT	PICTURE	ACTION	DIALOGUE	TIME
72		香の屋の前にきっオリコ → Pan 3Dカメラ	オリコ 「こんにちはー！」	9+0
73			オリコ 「………」 カットIN 日なごエへ。	2+0
74		タイコ (1+06) クモ 日の前を通り過ぎる		
		クモ ボケのまま ピント・クモと看板向で うらで		3+0
75		目でパチパチ ブルブルと肩すくめ るオリコ	オリコ 「！？……」	1+0
76		タイコ クモにピン合う 昇って来るクモ		2+12

CUT	PICTURE	ACTION	DIALOGUE	TIME
77		つばめの声のOFF	オッコ「おねーっ!!」	
		エッちの声に反応して止まるオッコ	エッコOFF「おば様さん!?」	
		BG.エッコよる オッコうしろ		7+12
78		オッコのトランクが倒れかかる	エッち「良くいらっしゃいました あら……っ」	
		エッち慌ててトランクおさえる 康さん現れる	康さん「オッコちゃん!?いらっしゃい。」	4+0

27

CUT	PICTURE	ACTION	DIALOGUE	TIME
83		59回 信じられないと 云う様子でミクを 見るオッコ		
		ふと何かを 足元に感じ	オッコ 「！？っ……」	
		足元に目を 落とす。		3+0
84		オッコの靴の上を歩く カナヘビ (1K 作画) 目が合う		
		つけPan 咄嗟に右足を 避けるが 素早く左足に 乗り移るカナヘビ 再び目が合う！	オッコ 「ヒャッ‼」	
				2+12

CUT	PICTURE	ACTION	DIALOGUE	TIME
85		恐怖のあまりとびエる		
			オッコ ギャ	1+06
86		原さんオッコを追いかけ	原さん「オッコ」	
			様子 off 「オッコ!!」	2+0
87		原さん エツ子さん オッコを見届ける		
			やや斜めに向いた顔 オッコ 客に対して正面から 見たげない為. オッコふりむきつつ走する	「へ?…」

CUT	PICTURE	ACTION	DIALOGUE	TIME
		軽く頭を下げる 来しエツ子		3+12
88		来が身を起こし ナップ現れる (エツ子)	ナップ 「オバンちゃん」	1+12
89		A.C		2+12
90			峰子 「孫がお騒がせして 申し訳ありません。」	
			峰子 「さ、こちらへ。」	
			党(夫) 「お孫さんですか？ 元気がいいナァ。」 峰子「躾が行き届かないもので」	9+12

31

CUT	PICTURE	ACTION	DIALOGUE	TIME
91		88同 何も考えず 待ってるオッコに ウリ坊のOLO完入声	ウリ坊off 「ナニボケーっと つったっとん じゃ!!」 オッコ 「!?」	4+0
92		オッコ,声の主を 捜しキョロキョロ		3+0
93		手前へFollow	ウリ坊off 「お客さん来てはる やろ！早よドケや!!」 こぼれ	2+0

32

CUT	PICTURE	ACTION	DIALOGUE	TIME
94		87回 オッコ 誰にともなく謝る	オッコ 「あ、ごめんなさい。」	
			エツ子 「離れの奥の付き当たりのお部屋ですよ。」 オッコ 「は、はい。」	
		前に道にあるトランクを持つ床さん	床 「トランク 持ちましょう」	
		そのトランクを持つオッコ	オッコ 「ううん 大丈夫」	9+0
95		峰子に促され玄関へ向かう客。迎えるエツ子と床。		
		途中 オッコは声をかけほうっておくOT。	床、エツ子 「いらっしゃいませ」	6+0

33

CUT	PICTURE	ACTION	DIALOGUE	TIME
96		オッコの足は気味 畳のヘリ踏む	オッコ 「ふぅ……」	
		ランドセル畳に 置く		2+12
97a		スタート 2歩手前から 窓際に立ち 外を眺めるオッコ		2+12
97b		机の上の両親の写真		2+12
98			オッコ 「………」	3+0
99		れ出てる 春の草の匂い 山の庭		3+0

34

CUT	PICTURE	ACTION	DIALOGUE	TIME
100		窓のカギに手を掛ける		
		ガチャガチャと左右に振った後	オッ「？……」	
		左に回す 2アクション	オッ「こうか！……」	5+0
101		ヤモリが現われる		
102 イヤシート		オッ何かの気配に気付く	オッ「？！！！……」	
		そろーとふり向くと…		4+12

35

CUT	PICTURE	ACTION	DIALOGUE	TIME
102 (101代カッガール)		カギがガチャッと 外れる		1+0
103		奥の背景から 手前のヤモリに ピン送り		2+0
104		ヤモリ可愛く！	オッ お わ	
		カット尻徳動く がらがら A.C		2+0
105		タフ目 腰を抜かすオッ びっくり返る	？!!	

36

CUT	PICTURE	ACTION	DIALOGUE	TIME
		オッつ窓はねる ヤモリ棒のうへ消える	オッつ 「わっ、わっ、 ウリ坊 (クッ、クッ、クッ…)	
				2+12
106		)へ(はねるSE 「ゼシカ！」 ヤモリの所在を 確認したり…	オッつ (ハッ、ハッ、ハッ) ウリ坊 (ハ、ハ、ハハ…)	
		ここで笑い声に 反応	オッつ (！？…)	5+0
109		ふり向くオッつ 105同ポ		2+0

37

CUT	PICTURE	ACTION	DIALOGUE	TIME
		目ヤニに気付く ジジイ ハナクソ弾く！	ジジイ 「？……」	5+0
111		Q Follow ギャルン オッカムル頭 避ける	オッカ 「セヤッ！」	3+0
112		110回体 Follow 再び鼻ほじりだし	ジジイ 「？……」	
		すきが気付いての等を ない…、と言って感じで		4+0
113		109回 	オッカ 「…（ﾊｯ）… あなた、誰？」	3+0
114		112回 ハデに驚く ジジイ		

39

CUT	PICTURE	ACTION	DIALOGUE	TIME
			クリ坊 「！？…」	2+12
115		少しPanがつく	クリ坊 「…お、お前 オレが見えんのか？」	4+0
116		111回 降下始めるクリ坊 follow クリ坊を重視	オッコ 「何で…浮いて…」	3+0
117		114回 降下する クリ坊 follow	クリ坊 「お前見所あるな」	2+12
118		113回 目だけで追う オッコ	オッコ 「へ？…」	2+0
119		115回 フワーっと ちゃぶ台の縁に着地するクリ坊		

40

CUT	PICTURE	ACTION	DIALOGUE	TIME
		オッつやなら 立ち上る ・・・・ JAC	外れ	3+12
120		ツリ子が一歩、踏み 出した手を指し出す	オレ、ずっとここに住んでる ユーレイなんだ。 ボク 「ユーレイ？だっと前から？」 ツリ子 「私、ツリ子 宜しくお願いします」	10+0
121		指し出された 手を見つつ 身をひき。	オッ 「!?... ハクダンの手で!?」	
		ハンボの向き直り	「ステツ！！」	3+12
122		ツリ子 「・・・・・」		
			ユーレイさハクダン じゃ、汚い事あるかよ！	

41

CUT	PICTURE	ACTION	DIALOGUE	TIME
			ガリ平方 「ホレ掴まれじゃ」	6+0
123		121回. ガッ後退し戸に当る SE「ガタ」	オッ 「イッ!!」	
		手ではらうも すり抜ける ガリ平方 の手、体! ↓ カット尻 ガリ平方見る	オッ 「え!?」	2+0
124			ガリ平方 「こう、ええ友達	
			が出来れぬ!」	
		瞳 涙いっぱいで	「うれしい!!」 こぼれ	3+0

CUT	PICTURE	ACTION	DIALOGUE	TIME
125		カリエラ オッコを 通り抜けつつT.O. つけ ビックリオッコ g Pan	オッコ まわっ！！	
		オッコが振り向けば 先にさっきのヤモリが… 現われる。		3+0
126		オッコ ヤモリに 気付く！ その向うにふり向きつつ 現われるカリエラ！ T.Uカッ下	オッコ ?!!!!!!!!! カリエラ	3+12
127		カ2同ポジ T.Bカッ下 家屋中に響く オッコの悲鳴	オッコの叫 「ギ	1+12
128		やぶきの内 先程の老夫婦者に 茶を出すエツ子さん	ヤ	1+12
129		オッコの叫び声に 反応する3人	3人 (?....)	1+12

43

CUT	PICTURE	ACTION	DIALOGUE	TIME
130		BGボケ。 着物(?)の匂いする 虎さん 湯上がる	オットの悲っ鳥	
		仕事中の虎さんは 気付かない?		2+0
131		活花の峰子		
			峰子 「オッ?」	
		◯つけPan ラストフレーム		
		立ち上る峰子		4+0

CUT	PICTURE	ACTION	DIALOGUE	TIME
132		草履で廊下を歩く峰子 Follow		2+0
133		T.B.		
				3+12
134				
		つけPan 厨房から妓さん 出て来て峰子へ 峰子は歩いたりする。	妓 ｢おこちゃん…｣ (今から出かけるんでしょうか?)	
		言いつつ はなれへ向う峰子	峰子 ｢どうせ出かけか何かだよ｣	5+0

45

CUT	PICTURE	ACTION	DIALOGUE	TIME
135		内気のは	峰子 「オッ。 オッコ 開けるよ」	
		障子戸を開け 中を見る峰子		5+0
136			峰子 「どうかしたのかい?」 オッ 「そうやだ…」	4+0
137				2+12
138			峰子 「……」	
		(オッの窓から見て)	峰子 「オーテンヨで しよ」	3+12

46

CUT	PICTURE	ACTION	DIALOGUE	TIME
141			峰子 「……」	3+0
142			峰子 「何がない？」	3+12
143			オフ 「え？」	
				3+0

CUT	PICTURE	ACTION	DIALOGUE	TIME
145		障子戸開けて 出て行く峰子 カリ坊警礼！	カリ坊 「ハッ！」 オッつ 「はあい」	7+0
146		部屋から出て行きつつ ふり返り	峰子 「それから、やたらと 大声を出さない事！」	3+0
147		オッつ口をしかめ 口を押さる カリ坊再敬礼	カリ坊 「ハッ！」 オッつ 「あ！」	2+0
148		峰子はオッつが気付いたので見てない やさしく 146に	峰子 「みんなゼックシ しちゃうからね」	3+0
149		147に	カリ坊 「良く言って判からせます」 オッつ 「ごめんなさい」	4+12
150		立ち去る峰子 (1+0)むしから セツ		

50

CUT	PICTURE	ACTION	DIALOGUE	TIME
			オリオタoff 「オッコはぜんぜん 峰子ちゃんと似てない んやな…」	5+0
151		オッコビックリして ふりむき	オッコ 「どうして、おばあ ちゃんの名前知ってるの？」	3+0
152		オリオタ 身に峰子の居れ所 ポーズ 頭の鉢を 掻き上げながら		
			オリオタ 「まあ 知り合い なんや」	
		オリオタ 消える	オッコ 「え?…」	5+0

CUT	PICTURE	ACTION	DIALOGUE	TIME
157	と51兼用。		オッコがホッとした声。「すがが…」	4+0
158		オッコハッとしてウリ坊に尋ねる。	オッコハッとした声。「ウリ坊が私を助けてくれたの？!……」	3+0
159		マジ顔。－間－おどけた顔になり	ウリ坊「……」（ウリ坊セリセリ声で）様子ちゃんがお待ちかねや	
		振り向きウリ坊がセリセリ声でそっと伝える。		
		消えつつ部屋の中へ		4+12
160		158回の様子でオッコ、Oを押さえお部屋の方を見る	オッコ「！？……」	2+0

54

CUT	PICTURE	ACTION	DIALOGUE	TIME
161		峰子の部屋の神棚	峰子OFF 「今日から、職人がうちに住む事になりまして。」	3+12
162			峰子 「宜しく頼むわねエツ子さん」 エツ子 「はい」 峰子 「康さんも」 康「承知しました」 オ「よろしくお願いします」	8+0
		エツ子、峰子 カット内 オヤッさんを見る		
163		オヤッさんの挨拶を見て 頷く峰子		2+0
164		既に涙ぐんでいるエツ子	エツ子 「でも… ほんとうに大変でしたねぇ…」	
		嗚咽まじりになる		
			康 「……(鼻から溜息)」 エツ子 鼻をすする音	6+0

55

CUT	PICTURE	ACTION	DIALOGUE	TIME
165		オップ左へズラして下さい #フカン	オッ 「えっ…も	3+0
			「いいえ…」	
166		164同ポ	エッチ 「お父さんも、お母さんも忙しい時には、本当によく手伝いに来てくださって…」	5+0
167		163ロ	「こばみ	2+12
168		165ロ	サリ上オフ 「おこ」	3+0
169			サリ上オフ 「これからは私が手伝うって言えや」	3+12

56

No.

CUT	PICTURE	ACTION	DIALOGUE	TIME
170		168日がr	オッコ「！？…」	1+06
171		(69日)	グリとグラ「峰子ちゃんが苦労して続けてきた この旅館 …後継ぎはオッコだけど」	5+0
172		ぬけおちるように オッコビックリ 170日	オッコ「そんな」	1+12
173		オッコ 天井向きカップ 首振りながら 一同反応!!	オッコ「後継ぎなんて！」 SE湯呑みふれる音 (ガチャガチャ)	2+12
174		(63日)	峰子「後継ぎがないだって？？」	2+12
175		カット頭OL重ネ 慌ててるオッコ 173日	オッコ「あ、あの…」	3+12

CUT	PICTURE	ACTION	DIALOGUE	TIME
176		17/1回	ワイプ オッコ、こう見え 少しづつ旅館のお手伝い をしていきます！	4+12
177		17ｼ5回 一同ゼックリに 3人芝茶をこぼす。	オッコ 「旅館のお手伝い？！」 SE （ガチャーン）	
		1ｺﾏ後ｶｯﾄ間止め 3人をいっせいに 湯呑みを走し 峰子台拭き取る	峰子「あ、…」 エツ子「あらあら」 康「オットット」	
		さっと拭こうとしたエツ子 に、 康も懐から手拭い 出してこぼして茶を拭く	峰子「ええっ！」	
		エツ子も涙を拭いて ハンカチで拭く 峰子 カットﾊﾞエツ子を見る	エツ子 「女将さん、おっこちゃん 旅館のお手伝いを してくださるおっもりじゃ」	12+0
178		峰子、エツ子と目を合 わせつつ身を走らし ｶｯﾄ頭	峰子 「…… おっこが後継ぎに なってくれるって言うのかい？」	4+18

17ｼ4 ﾘｻｲｽﾞ同ﾎﾟｼﾞ

CUT	PICTURE	ACTION	DIALOGUE	TIME
184		(63回) 洗濯をする峰子	峰子 「......」	2+0
185		(87回)	エツ子 「ねえ！女将さん！」	1+18
186		17X回	峰子 「......」 ええ.... で、むっこは子ぢ 小学生だしね、	5+12
187		181回	オッコ 「そうだよ！ エツ子さん。」	2+0
188		176回	オッコott 「私、若おかみに なるって決めたんだけ ど」 セリフ ニばみ	3+0

60

CUT	PICTURE	ACTION	DIALOGUE	TIME
189		湯呑で直す様子	こばやし	
		峰を向うりりか		3+12
190		183同ポ	エッチ 康「ﾀﾞﾒｴ!」「うん」エッチ「私が少しづつ旅館の仕事を教えて差し上げます」	4+12
191		188同	あこばやし	
		りりうｵｯﾌﾟへ 自ｾﾝ屋す。		2+12
192		187同ｵ	ｵｯｺ「あ…ちが…」	

CUT	PICTURE	ACTION	DIALOGUE	TIME
		救いを求める様に ウリ坊を見る		3+12
193			ウリ坊 「オッ…」	
		↓急降下する ウリ坊		1+12
194		1.2.1ヒ 座卓の上に着地 して土下座		1+12
195		少し身を引くナツミ	ナツミ 「……」	1+12
196		土下座するウリ坊 透けて見えるお茶	ウリ坊 「峰子ちゃんを 助けてやってや！」	3+0

CUT	PICTURE	ACTION	DIALOGUE	TIME
197		1951月	おっこ「えっ?」	1+12
198		カット頭、お茶に エッてる → 湯波紋 （ウリ坊の涙?） 産卓	ウリ坊 「…向…」 - ちょっとツバする音 -	
199		ウリ坊顔を 上げ懇願!	命の恩人の頼みは 聞いてえんやで!… オッコ「う…」	5+0 2+12
200		オッコ脱力気に 両手降す		
			エツコ 「楽しみが出来ました! 女将さん!!」 ウリ坊ふり返る。	5+0
201		峰子ゆっくり微笑 み オッコはウリを見る	峰子 「……」	

CUT	PICTURE	ACTION	DIALOGUE	TIME
		峰子 コクッと下向き	峰子「そうだね…」	9+12
202		186向け やっぱり嬉しい峰子 前向きに	峰子「じゃあ、わたしの着物、おこ用に仕立て直そうかしらね」	5+12
203		喜びが爆発する	おっ坊「!!」	
		おっ坊	「……」	
			✕	
		キャプッと ワンフレーム カット尻 ⊕Pan かっ手 (吉道)		5+0

64

CUT	PICTURE	ACTION	DIALOGUE	TIME
204		凄いスピードで遠ざかる、婚子の部屋	ツ	
		屋裏！梁		
		屋根瓦！		
		春の屋！ヲリ坊 回転しながらF.I		

65

CUT	PICTURE	ACTION	DIALOGUE	TIME
		秋好旅館 ↑FOLLOW	タラ	
		×OUT		
		空		7+0
205		秋好旅館ロビーの雑踏をポツンと眺めてる美陽.	美陽 (?!……)	2+14
206		8 O.L		2+12

CUT	PICTURE	ACTION	DIALOGUE	TIME
207		☆ O.L 吾の屋の物置部屋 → カメラ移動 なにやら怪しい 箪笥が現われる カメラ箪笥の中へ		
		☆ O.L		3+12
208		箪笥の中 アルバムと真中に 箱に入った写真と 鬼の形をした 土鈴が! (センターへズラして!)		
		振動する土鈴 ＃鈴の音を声優さんに やって頂く ▽F.O	人間SE (鈴鬼) (リリリ…く	4+0

67

CUT	PICTURE	ACTION	DIALOGUE	TIME
209		やんが喜ぶのを見て嬉しさを覚えるオッコであった…		4+0
210		夜の春の屋俯瞰 T.U		2+12
211		オッコの部屋布団が敷いてある T.U		
		そこの倒れ込むオッコ		
		A.C		2+0
212			オッコ ふぅ〜	2+1

CUT	PICTURE	ACTION	DIALOGUE	TIME
213		障子から半身をだす ちひろ	ちひろ 「オッコ、ありがと な…」	2+12
214		212同ポジ	オッコ 「……」 「もう分かったから…」	
		オッコ居眠り		3+12
215		素早く起き上がり 枕を投げる構え のオッコ		
			オッコ 「呼ばない時は 部屋に入ってくんな ブナ!!」	3+0
216			ちひろ 「ひゃからほんまに 嬉しかったんやち」	3+12
217		213同ポジ	オッコ 「だから分かったって …」	

CUT	PICTURE	ACTION	DIALOGUE	TIME
		枕を抱いて倒れ込む オッ	ゆり子「そう死んでもええ思たもん！」オッ「変な事言わんでし」	7+0
218		214同ポ	オッ「いてからそう死んでるし…」	3+0
219		216同ポ	ゆり子「じゃ、また明日な若おかみー！」	3+0
220		215同ポ ゆっくりF.O	オッ「もう…消えた…さすが コーして…」	5+0
221		F.I 夜中、車の中 のベットで寝てる オッ Pan		
			ふと目が覚め 起き上る	8+0

70

CUT	PICTURE	ACTION	DIALOGUE	TIME
222		両親の寝室の ドアを開けるオッコ ミーと 両親寝ている	SE 「カチャ…」	4+0
223			オッコ 「……」	
		音を立てない様に 歩き出す ドアは閉めない		4+0
224		223同ポ		
		つけPan 忍び足で ベッド足元まで来て 布団に潜り込む オッコ		
				6+0

CUT	PICTURE	ACTION	DIALOGUE	TIME
225		布団の中を 匍匐前進するオッコ （半笑い） 全体画		
		スタドIN オッコ止まる		
		父の手動き		
		光が布団の中へ 入る。(と言っても暗い)	オッコ （……）	6+0
226				
		父親の手が近づく (優しく)		

CUT	PICTURE	ACTION	DIALOGUE	TIME
				4+0
225		父、オッコの頭を撫でる 母もオッコの手に触れる		
			オッコ「ううぅ…」なーんだ生きてたんだ」	6+0
226A		226B 朝の風景	オッコ「ううぅ…」	3+0
226B				3+0
227		出し巻き玉子に素早く4回包丁を入れる まり板 ☆Ponかつお		
				2+0

73

CUT	PICTURE	ACTION	DIALOGUE	TIME
228		トマトのお浸しに 汁をかける ↓ Pan		3+0
229		身体を使って 盛り付ける床さん 手前、空いた膳を カウンターに置くエツ子	エツ子M やぶきの間のお客 様、ご朝食終わり ました。	3+0
230		盛り付け終わり 膳を用意する床 中玉へ フレーム修正 受け取るエツ子 手際良く!!	床 あこばん 「はい!じんちょうげ の間、二名様」 エツ子 「はい」	4+12

CUT	PICTURE	ACTION	DIALOGUE	TIME
234		オツコ iN (後ろ、さびれ)	鈴虫 (リリリリ…)	4+0
		カメラ 引き出し中		
		♪A.C		1+12
235		カット尻 中宅の相 箱が鳴る	―間― 鈴虫 (リリリリ…) ♪こほな	3+0
236		23と同 振動する箱	オッコ (!?…)	
		取り上げるオッコ		

76

CUT	PICTURE	ACTION	DIALOGUE	TIME
237		) A・C まごこ 箱を抱ってみる	まご ？……	4+12
				3+0
238		BG 桐の箪笥 ボケ		
		蝶結びを解き ニヒ！		
		ふたを開けると		
		パつ！ 黄ばんだ 脱脂綿 鬼の形をした 土鈴が現われる		5+0

CUT	PICTURE	ACTION	DIALOGUE	TIME
238 b		ー37回。	むっこ 「?……」	
		むっこ鈴を振ってつる 鈴鬼は上手くシンクロさせている	鈴鬼 「リリリリリリリ」 「リリリリリリ」 「リリリリリ」	
		むっこ何かヘんと思いつつ……	「ん」 むっこ 「……」	
		また鈴を振る	鈴鬼 「リリン」 むっこ	
		鈴鬼は むっこ振る真似 だけで、鈴鬼 だまされ声を出す	むっこ 「!……」 鈴鬼 「リリン!?……」	
			むっこ 「?……」	10+0

CUT	PICTURE	ACTION	DIALOGUE	TIME
238 &		ズームバック 飾りの中に居る		
		書をほめるオッコ		3+0
239		239同	オッコ「モモチのルーツ」 SE 歯ブラシの泡を吹う音…	
		ガリガリ音に気ッ びっくり!!	ウリ坊 off 「なんや!」 オッコ「ボフッ」	4+0
240 a 240		240a	ウリ坊 「まだ歯を磨いとらんのか!」 オッコ「ウェーッ」	3+0
		ふりむき	オッコ 「もう!泡飲んじゃったじゃない!!」	4+0

CUT	PICTURE	ACTION	DIALOGUE	TIME
241		ふりむく クローズアップ 340の同	ガバ 「けは顔洗いや！ おかみの顔は旅館 の顔なんやで!!」	4+0
242		オッ 紐を結び…	こぼれ SE (キュッ!) こぼれ	
243		340同 箱を屋るオッ		
		ふり返り引き出しを しめる感じに	オッ 「私、女将になるな んて言ってない!!」	3+12
244		234同 引き出し閉める!	こぼれ	

80

CUT	PICTURE	ACTION	DIALOGUE	TIME
245		全面. カベに F.I この窓で 一旦停止	SE 「バタン」 峰子off 「失礼 致します。」	3+0
246		指がふすまを開く かるがもの間 客の老夫婦が べランダで外を眺め ている 峰子立ち上がり 入室する。 ふりむく老夫婦		4+0 4+0

CUT	PICTURE	ACTION	DIALOGUE	TIME
251		回り込む風画面 引いて カウンター内を覗き込む	峰子 「まだお運び下さい」	
		帰りぎわに老婦人 に見つかるおいこ ふり向く峰子 おいこをおっと見る	老婦人 「あら？、おはよう」 峰子 「あっ」	6+0
252			峰子 「おいこ、何してるの。 ちゃんとご挨拶なさい」	
		柱のかげからおずおず と出て来て ぎこちなく頭を下げる	おいこ 「おはよう…ございます」	7+0
253		夫の傍にこくりと 頷く婦人	老夫 「中尾さんから聞いた よ。君がこの若おか みになるそうだね」	4+12

83

CUT	PICTURE	ACTION	DIALOGUE	TIME
254			おいこ 「えっ!?」	1+0
255		253同	老婦人 「しっかりね！」	1+12
256		254同 ちょっと困りつつも館に 返事をするおいつ	おいこ 「……は、はい」	2+0
257		嬉しそうに微笑を 浮べる婦人 鏡 面鏡を 見る	老え OFF 「ははは、娘を楽しみですね」 婦 「ええ…」 クレジス-メイン 「なんや自分で「はい」 言うとるやないか」	4+0
258		おいこ鬼の土鈴を 持ち上げる おいこ OFF	おいつ OFF 「おばあちゃん これ知ってる？」	
				3+12

84

CUT	PICTURE	ACTION	DIALOGUE	TIME
259		3コマ回	峰子 「ええー確か、千年続く瓦職人さんからおじいちゃんが頂いたものだよ」	
		峰子 オッコから受け取り	峰子 「おじいちゃんが死んでそれきりで……。お前が開けたのかい？」	
		鈴を鳴らす銀	オッコ 「うん」	13+12
260		今度はノーマルな土鈴の音が（オッコアレ？となる）	SE：鈴の音 「リリーン♪」 オッコ 「あれ？」	
			さっきと音が違う	
		オッコ、峰子が鈴を受け取る		5+12

CUT	PICTURE	ACTION	DIALOGUE	TIME
261		235(1) 辺りに食べカス が落ちている。	峰子 「おっ、何だい この白いのは…」	
				3+12
262		259(2)	おっこ 「ごめんなさい ハミガキしてて…」	3+0
263		240 6目 おっこ縮こまる	峰子 「ここでかい?」 おっこ 「…」	
			峰子 「それに食べカスだ らけじゃないか」 おっこ「え?」	
		言って鈴鬼の和の箱 を取り上げると…	峰子 「もう?」	6+0

CUT	PICTURE	ACTION	DIALOGUE	TIME
264		261同じ まじ アルバムが現われる TUP抜く ）タイプs	峰子off 「ここに、こんなる 人がいたのかい…」	3+12
265		↓Pan.	み子 「誰？…」 峰子 「み子のお爺ちゃんと お大婆ちゃんだよ」	
266		フレーム引き ページめくる (62同じ 268とA.C)	み子 「って事は、この娘、 峰子 「おばあちゃんだよ」	10+0 3+0
267			み子 「えー！」	
			峰子 「なるほど、み子 の年の頃がね」	3+12

CUT	PICTURE	ACTION	DIALOGUE	TIME
268		265同ポ おっこのたったところが TU開始	みっこoff 「あ!!ここっ」 峰子off 「これは大阪に居た頃だね」	5+12
269		写真に寄った絵 TU かけ 高速Pan	みっこoff 「この子…?」 峰子off 「あ、お隣に住んでた子だね」 高速Panみかん繋ぎ	4+12
270		干し稲とたぬき[?] ガリ坊 TUかけ 中高速PAN繋ぎ	峰子off 「滅くん、名字が 立売っていうんで」	4+0
271		TUかけ	峰子off 「ガリ坊、て呼ん でたけどね」 ー間ー	4+0
272		手前峰子とBG ボケ	みっこ 「ガリ坊って この頃迄 きてたんだ」	4+0

88

CUT	PICTURE	ACTION	DIALOGUE	TIME
276		木の上の峰子 隣の家のガキ坊を呼ぶ	少女峰子 「ガキ坊ー！」 「ガキ坊ー！」	6+0
277		瓦が もっと急斜面に お願いします		1+12
278		→Pan	少女峰子 「よっ！」	1+12

90

CUT	PICTURE	ACTION	DIALOGUE	TIME
279		屋根の上に立つ峰子		
			少女峰子「ありがとー!」	4+12
280		窓ぼり顔出すウリ坊。峰子が見当らずきょろきょろ。(ウザシ)	ウリ坊「なんや朝から～」	
		ウリ坊 峰子に気付く	峰子「おはよー日さん 夏日やで」	6+0
281		ウリ坊 感心して	ウリ坊「よー ひとりで登ったなー! 凄いわ!」	4+0

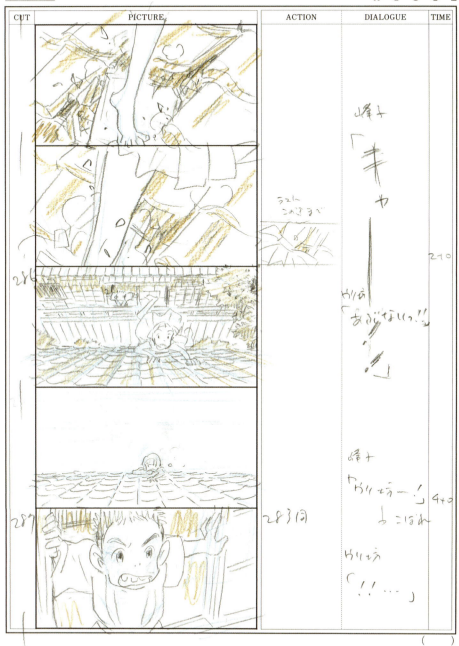

CUT	PICTURE	ACTION	DIALOGUE	TIME
289		庭の木は どーだんつつじ.		
			ケリュラ 「峰子ちゃん!?」 ↓ 小ぼれ 峰子 「ケリ 坊ぅ… アッ!」	2+0
290		フレーム引き		
				2+0
		ouT寄り		
291		ケリュラ 駈け寄り 受け止める		

( )

CUT	PICTURE	ACTION	DIALOGUE	TIME
		かなり無理が ありますが… 逆の蹴り出し 転がり 衝撃ゆるめる		
		→Pan		
		—間—		3+0
292		ケリ坊 頭を押えつつ 上半身起こし	ケリ坊 「峰子ちゃん ケガないか?」	

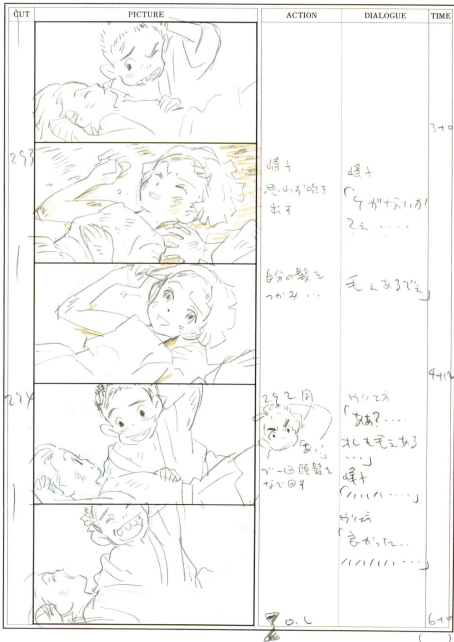

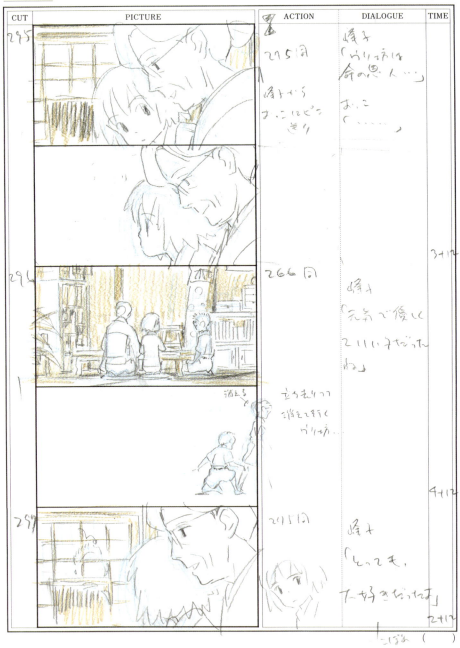

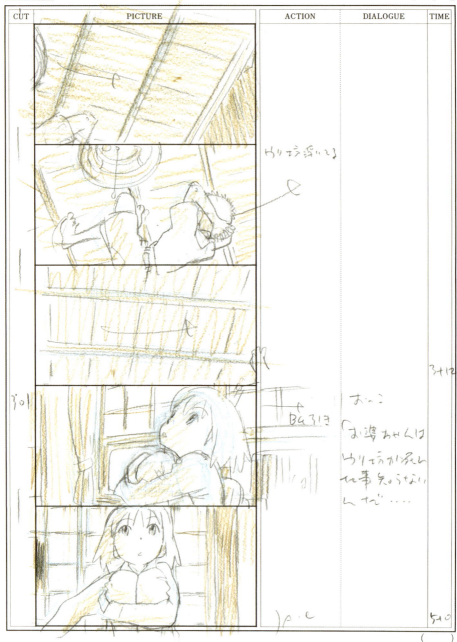

CUT	PICTURE	ACTION	DIALOGUE	TIME
302		おっと止まる / かけよる	「ゴメン / オレが死んだん / は、峰子ちゃん / がひっ越した後 / すぐやってたから / な…」	
			みつこ / (ウリボウは / どうして… / …)	10+12
303		屋根で座って / まるガリ坂 / タ日さしだ!! / たらずが / 涙を拭く	「りりえ以下 / 峰子ちゃんが / むらくようなって、/ 寂しゅうてな。/ 峰子ちゃんとよう / 遊んといて屋根 / に上がったとき / …瓦が崩れて / 落ちたんや」	10+10

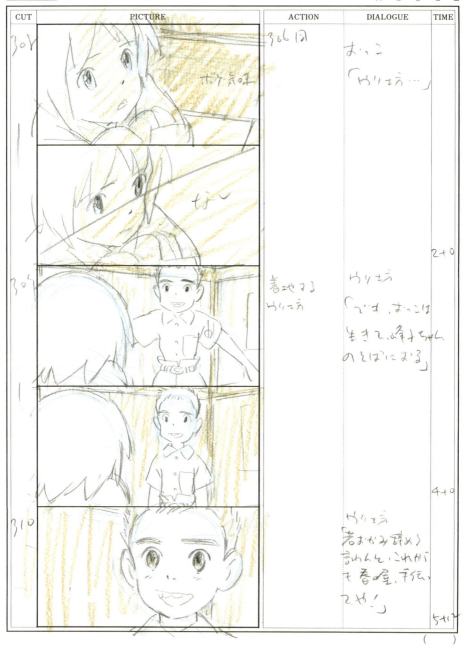

CUT	PICTURE	ACTION	DIALOGUE	TIME
313				
				4+0
314		2川鉢松の場所に咲き乱れる春の野花たち。夢のよう!! 立ちよるボニ	ボニ 「わーっ」	
				4+0
315		見上げた景色 空と花でうが 降ってきて		3+12

CUT	PICTURE	ACTION	DIALOGUE	TIME
316		314同 クリっ方 浮び上がり むっこの回りを 回り出す 3DCG クリっ方いる場で 舞らが回り出す	おっ 「スゴーイっ」 クリっ方 「次は	5+0
317		Follow	クリっ方 「花の 雨、降らしたる！	2+12
318		クリっ方見やこ 回りこみ	むっこ (……)	2+0
319		317同 叫びながら 舞上がるクリっ方 t.u.D ↑Pan	クリっ方 「たー！	24コマ

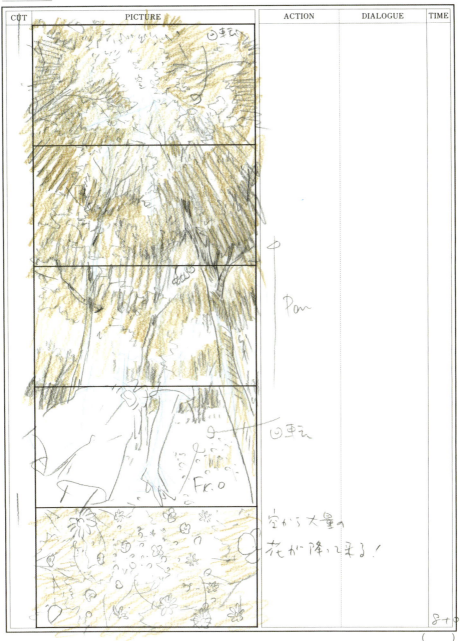

CUT	PICTURE	ACTION	DIALOGUE	TIME

322

おっこの目から
下へ
腰をひき足元見る

下へPan
から

おっこの目から
土へ
土へPan

鏡に映る
おっこと峰子
獲が笑顔で頷く
エッチ

おっこ
「なんだか
電信柱に
手足がつい
てるみたい」

エッチ
「えくお似合い
ですよ」

5+0

6+0

CUT	PICTURE	ACTION	DIALOGUE	TIME
323		僅かにパース ↓Follow 「あんずの間、 おこの見た目 にまで1歩。 4歩 ここでは騎踏 すない。	エリ子OFF 「ハイ！ 足は少し 肉まてで、スッ スッと歩きます	2+0
324		→ Follow 2に9 4歩		2+0
325		→ Follow ※繰絡まない 5歩	エリ子 「畳の横を 3歩、継ぐ1歩 の目安で こばみ	2+4

( )

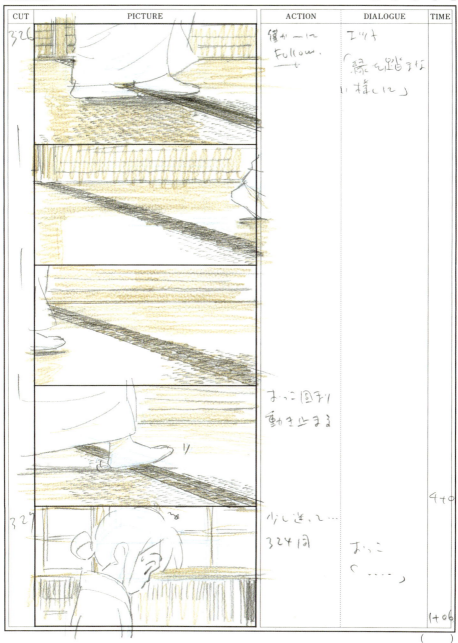

CUT	PICTURE	ACTION	DIALOGUE	TIME
328		325ヨリ エツふり返る		
			むつこ 「えい！」	
		むつこ着地失敗 仰向きで転び 滑ってエツにぶつかる	むつこ 「わ！」 エツ 「あうう…」	
				3+12
329		三コマタップ BGは328の まま	エツ 「右足で下げて 身体を真直ぐ 降ろします。」	

112

CUT	PICTURE	ACTION	DIALOGUE	TIME
			よっこ「イタタ…」	5+12
330		玄関 ワイプ 草履をそろえ ようとして 転がるよっこ	よっこ「あー！」	
				3+0 ( )

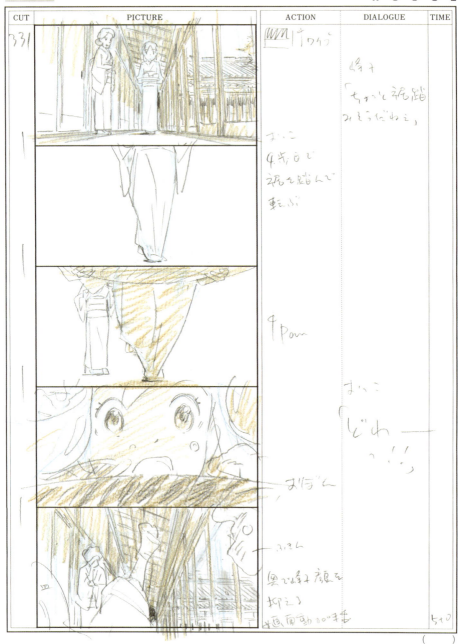

CUT	PICTURE	ACTION	DIALOGUE	TIME
334		急がうとに 蛾が一匹とう てる マルチ.T.B	峰十セリフ 「オッツ」	2+12
335		332同 Bがする 峰十	峰十 お部屋に虫が 入ったら お客様に捕ら せるのかい!?	3+12
336		露天風呂 に虫が浮い てる		
		網がＩＮして スくって 拾って行く		
		OUT		4+0
				( )

CUT	PICTURE	ACTION	DIALOGUE	TIME
341			峰ト「ご苦労さま」	2+0
342		342 ブラシ	峰叶「おやつ持って来たよ」	2+0
343		身を起こしつつふり返るおっこ OUT気味	おっこ「わー」	2+14
344		岩の上におぼんを載せそこからふきんをおっこに渡す。	峰ト「掃除の時は8才の服があるだろう?」おっこ「ありがとう…着物に馴れるときれいの」峰ト「そうがいい」	8+0

118

CUT	PICTURE	ACTION	DIALOGUE	TIME
345			まいこOH フフ… 温泉プリン！ 峰子OH 床こんが作った 湯の里プリンだよ	
				5+12
346			まいこ「食じる！」	
			まいこ 「ん―！ 香のOHがする！」	5+12

CUT	PICTURE	ACTION	DIALOGUE	TIME
350			ゲリ仁方 「オレじゃないで… 幽霊がモノ食え るかいな」 まこ 「確かに…」	7+0
351		3××回 カラになった プリンの皿 351aboL		2+12
352		花の裏手に立 小学校 ゆっくり Pan 3b	担任(田替先生) 「今日からこのクラス で一緒に勉強する 間宮千さんです」	3+0
353		登壇してるまこ 教室後に居る ゲリ仁方 Pam		3+0

CUT	PICTURE	ACTION	DIALOGUE	TIME
351 c			母「ほっこ、早く着替えなさい。今日から学校でしょ！」	
			ほっこ「お母さん着物上手！」	6+12
351 d			母「先生にご挨拶しなきゃね」	2+12
				( )

123

CUT	PICTURE	ACTION	DIALOGUE	TIME
354		ポンと肩をOPする田宮先も 「じゃ挨拶」 ツバを飲むなC 頷いき…	「じゃ挨拶」 おっこ 「宮織けです」 おっこって呼ん で下さい。 春々屋旅館に んでます!」	9＋0
355		ウリけその75チ おっこが 皆を指キで迎記	クラスメイト達 「ああ！あそこ!」 「へ～」	
		おっる	「イマ～！」 「おっこ～」 「よろしく～!」	6＋0
356			ｵ51です 「よ!君々屋」	2＋0
357		357 354目	おっこ(モノローグ) 「私っら学校に引越 …」	3＋0

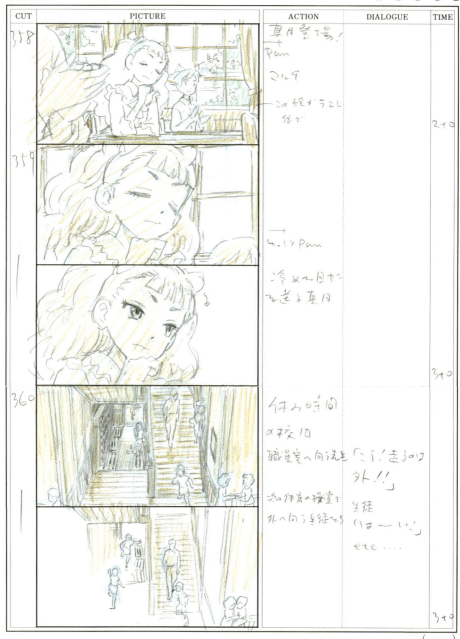

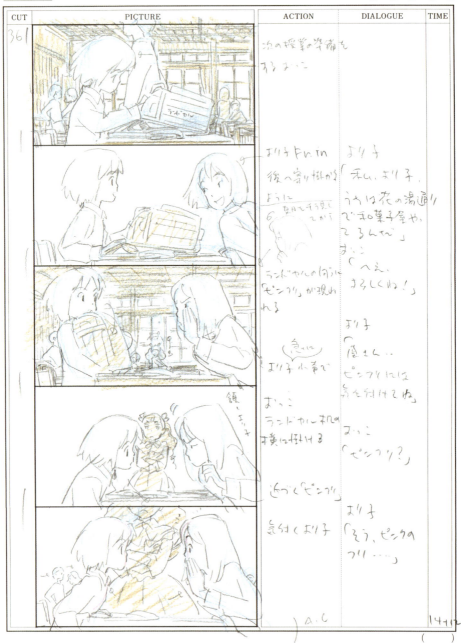

CUT	PICTURE	ACTION	DIALOGUE	TIME
362		ふりむく2人	おば「フリ……」	2+0
363			真月「あなた、春の屋さんにいるの」	2+18
365		362同目を逸らすおばけ	おっこ「おばあちゃんが女将かって…」	2+12
364		356 身を起こすおりえ	おりえ「？……」	1+12
366		363同	真月「うちも旅館なの。ご存知かしら？秋好旅館。」	( )

127

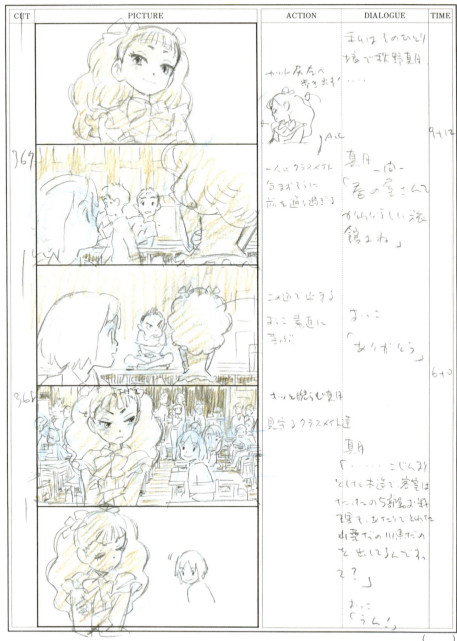

CUT	PICTURE	ACTION	DIALOGUE	TIME
		自慢気に	朝 うちは料理も 豪華で、朝のバイキ ングも大好評なの まっ」	19+0
369		364とBG リサイズ兼用	朝日 off(369〜371) 今、露天風呂付 きの客室を増や してるの」	
		セリフ被る	ウリエ 「感じの悪い やつやな〜」 こばみ	2+12
370		フレーム引修 金色の二重丸が はがれ… Fn.O		1+0
371		369同 それを指先で フッと飛ばす!		1+06

( )

CUT	PICTURE	ACTION	DIALOGUE	TIME
372		367回	真月 「お客さんを飽きさせないようにするのって、お金がかかって大変だし」	
		ふり返る おっことアイコンタクトに おっこダメッと顔を振る	ふり返る 「ももも〜」	5+12
373		Bのぼけ	真月 「いいわね春の屋さん」	
			そんな心配てかなくって！	4+12
374		372回 思いずらい そくむうおっこ	おっこ 「ぷっ！」	

( )

CUT	PICTURE	ACTION	DIALOGUE	TIME
375			真(?) 「何がおかしいの!?」	3+18
376			すゞこ 「ごめん ピンフリさん…」	
		焦るﾄﾘｺ		
		376(同) 軒並ザワつく	真目 「ピンフリ?」	4+12
377		Ba ｱｯﾌﾟ	真目 ピンフリ…2 「何!?」	2+9
				( )

CUT	PICTURE	ACTION	DIALOGUE	TIME
378			まつこ「…．．．ピンクのフリフリ？」	2+12
379		更にざわめく 教室。376回		2+0
380		377回)A･C	真月「なぁに！私をバカにしてるの！？」 もとばし	2+06
381		378回 気押される まつこ 首を振る ちょい望遠 メリー (イヤがってばかり)	まつこ「！？…．． そんな事ないけど…．． ちょっとハデ、て言うが… 浮いてる、て言うか」	5+0

132

CUT	PICTURE	ACTION	DIALOGUE	TIME
382		379白 ぶりっ子 情けね？ どよめく教室	教室 「おお……」	2+0
383			夏目 「なんですって！ 私はブリッ子 それに埋れたく ないの！」 まこ 「でも時と場所 に合った格好って ものがあるんじゃ」	
			夏目 「私がブリー って事でしょ！ 私はこの社会 に…」	12+0
384		371白	真白け 「いえ、この宇宙 に」	

( )

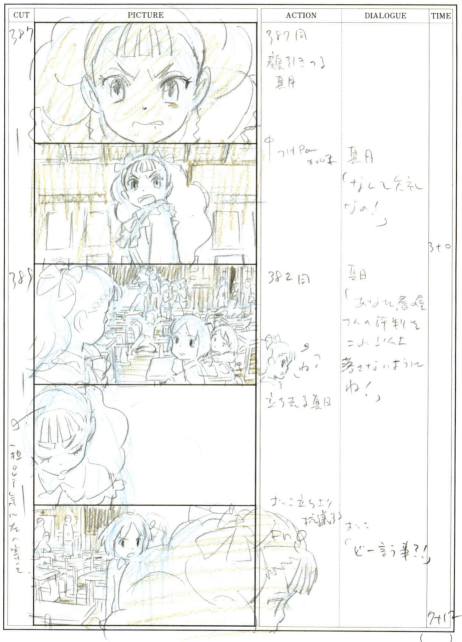

CUT	PICTURE	ACTION	DIALOGUE	TIME
		クラスメイトに囲まれるなつこ 祝福を受け照れたり…	ユリナOHから「スゴイ関さん!」ゼンブがみんなーって、本人に言ったの関さんだけよ!」 向坂「ビックリした」泉水「でも、スゴかったよね」	
		ここへ手前を白いカタマリが通り過ぎる(美陽)		
		何かに気になるなっこ		13+15
		ゆっくりかるく回転Pan	泉水「関さん最高あるよね」 美陽	3+0

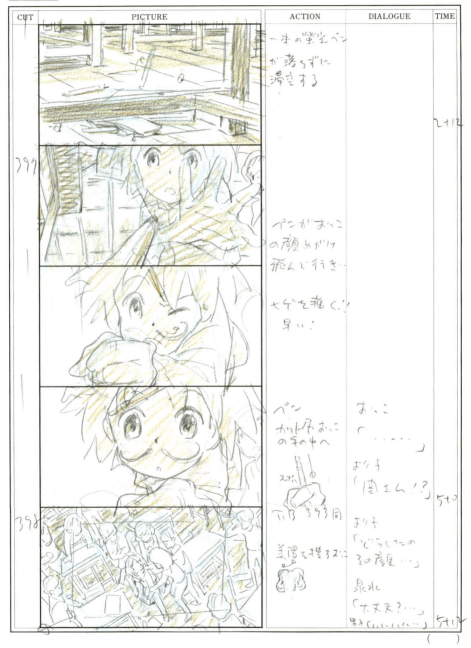

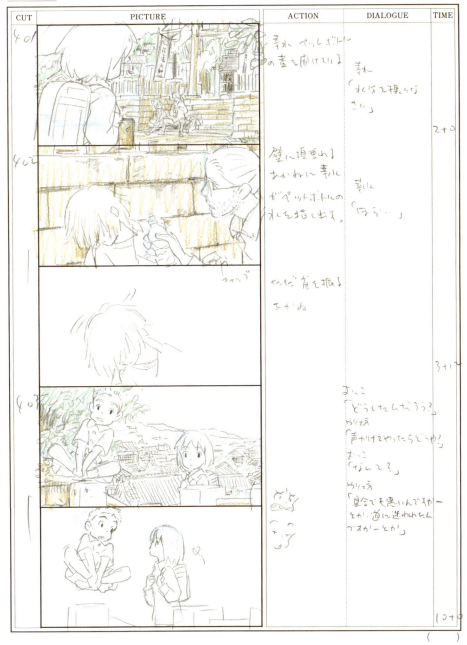

CUT	PICTURE	ACTION	DIALOGUE	TIME
412		405(5)	BりはえOff 「峰子ちゃんは 人の身なりで」	2+12
413		810(5)	ちりはえ 「判断するよう なんじゃないで」	
			おっこ 「！……」 おっこOff 「あのっ、うち、	5+0
414		801(5)	おっこ 旅館やってるん です。 いらっしゃいませんか？」	5+0

Aパートかわり

若おかみは小学生！
絵コンテ

B
パート

C-415〜C-651
（18分33秒18コマ）

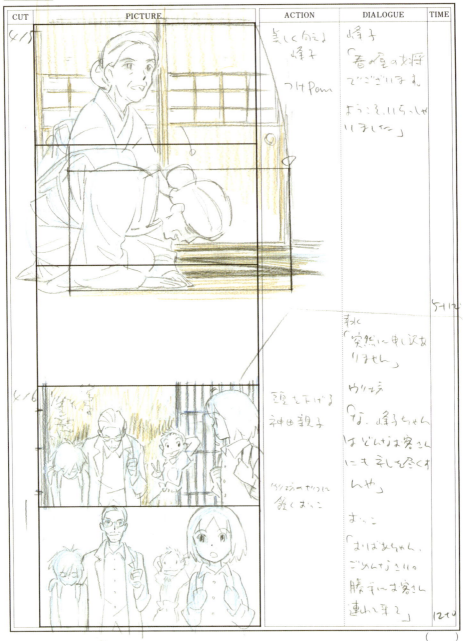

CUT	PICTURE	ACTION	DIALOGUE	TIME
619		美しいあかねの寝顔。	寿れ「よく熱が出るんです」	
		𠮷を開きあっこ見る		
		目を閉じながらも気持ちよさしてそうあかね	あかね「ありがとう」	6+0
X20		ポッとなるあっこ（イケメンに羽ばたっこでなった）		4+06
X21		あっこその場からさなり、壺れの元へ歩く	寿れ「それにこの温泉は温治療養の場ですからちょうどいい」壺子「はい」	6+12

( )

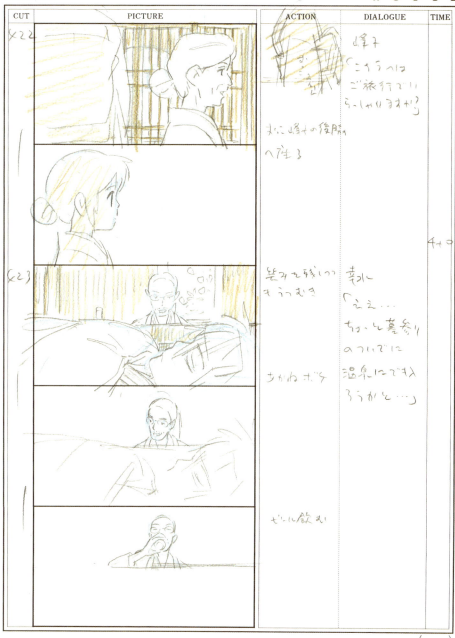

CUT	PICTURE	ACTION	DIALOGUE	TIME
		コップをテーブルに置く 想い沈む青水		
		メガネ外げる 青水から めがねにピン 移る月を開ける	青水「実は先月 妻が亡くなり まして ね…」	16+0
×2		×2 2回 ビックリする2人 めがねを 45°回う 突きから	婢十「それは、大変な 思いをなさった んですね おかわいそうに …… お悔み申し 上げる…」	
		めがねに 戻る (おかわいそうに)		10+0

( )

150

CUT	PICTURE	ACTION	DIALOGUE	TIME
425		423同 あかねピン 月のハイライト キラッ 422同	あかね 「ほら、 すぐそれだ!」	2+12
426			みね 峰子 「!?……」	0+18
427		425同 あかねピン	あかね 「母さんが死に そうだって言ったら どこにいても かけつけるで そうだんさん!」	
		剃刀のかけらを 逃るように ガバッと身を 起こすあかね	剃北 あかね…」	5+12
428		421同 起き上がり	あかね 「父さん、帰ろう! ほんとは温泉なん て来たくなかった んだ!」	( )

CUT	PICTURE	ACTION	DIALOGUE	TIME
		倒れてるおかね	婆サ、みっこ 「!?…」 身を引く	
		秋を汲む 目に戻す	おかね、寝てな さい」	7+0
629		尚も悪態つく おかね	おかね 「しかもこんな 山の奥のちっぽ けに…」	
		前	みっこ 「あの、」	
		みっこ前に乗り出し	おかね 「…何だよ」	6+0
630		626、同様、 婆サ押え込に みっこ制止する みっこ止まらず	婆サ 「みっこ」 みっこ 「お父さん、はなを 元気づけようと してくれた事では その気持ちが分か らないの」	
631		身を起こし おっかが目を 背けて外を見る みいね	おかね 「お前に何が 分かるんだよ 一番 みっこ 「分かるわ」	6+0

CUT	PICTURE	ACTION	DIALOGUE	TIME
832			おっこ「私も両親を そくしたばかりだ もん!」	3+0
833			あかね「え!?」	1+0
834		私にそびっくり 彰れ「……」		1+0
835 9		T,しでぶく 832回	おっこ「でも、みん な心配してく れるから。 ガンバらなきゃ て!」	3+14
835 b		833回 ガンバリのおか ね カット原勝瞬コマ	あかね「何んでも、がん でもガンバらなきゃ いけないって考え 僕きらいだね	5+14

153

CUT	PICTURE	ACTION	DIALOGUE	TIME
		ビックリして 応える智親キ		
				4+0
××0			峰子 O.Lから 「いくら同じ年 頃だって お客様はお客様」	
		①12コマ		
				6+0
××1		173同ポ 部屋に入って 来る サリナコ	峰子 「そんな事じゃ 春の屋の若女将 みになる資格 はないよ!」	
			むこ 「もっと普通の お客さんなら よかった」	

155

CUT	PICTURE	ACTION	DIALOGUE	TIME
886			峰 「もう少し気持ち が落ち着いたら 謝りに行けるか かい？」	4+0
887			おいこ 「…… 行けない」	2+12
888		888/1 溜息つく峰子 カリ12 峰子から おいこへ目だけ移し	峰子 「……やれやれ ……」	
		お茶啜る峰子	カリ13 「行こうや……」	
			カリ14 「な！……」	

157

CUT	PICTURE	ACTION	DIALOGUE	TIME
×57		ipadに映る あかね誕生日の 写真	菜水 off 「おこはん 「お願いします」	
		フリックすると オムライスを削り するあかね		5+12
×58		あかねの 瞳のハイライト 消えている	あかね 「オムライスが 食べたい」	3+0
×59		×56同 みすずに 見る	まこ 「……」 菜水 off 「あかね」	3+0
×60			菜水 「ここはレストラン じゃないぞ…」	2+12

160

CUT	PICTURE	ACTION	DIALOGUE	TIME
		店内より ふりむくヌー△ 視線に 誰もいないと 顔を振る		4+0
×68		店の外の 2人 流のなか を走り出す レジ	おこみ 「ぐぅ——って 何か胸に刺さって 来て…」	
				3+0
×69 a		カラオケスナック フレンズの 看板に光が入る	♪こもれ おこみ 「何かしてあげた くなったの…」	
			ふりえ 「ここもあかん やん!」	5+0

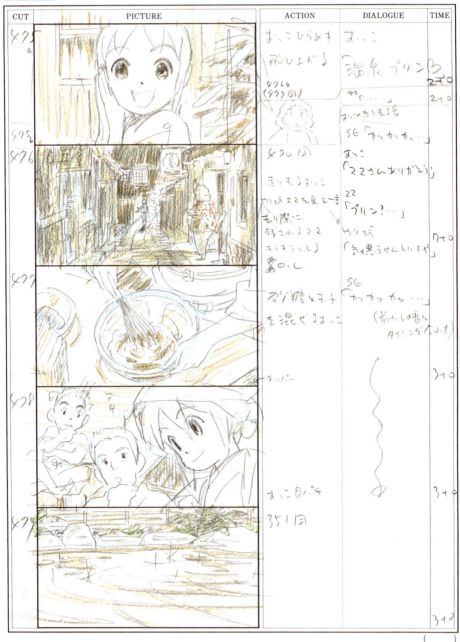

CUT	PICTURE	ACTION	DIALOGUE	TIME
680		黒豆ペーストをボールへ入れる 8771回		
		黒豆かげ石和に置き再び泡立器持つ 672回 また混ぜる	SE チャッチャッ…	3＋0
681				3＋0
682		680回 泡立て器を一回しさせた後あたたかい牛乳を入れる		
		身体ごと傾けるように 8 o.L		3＋0

167

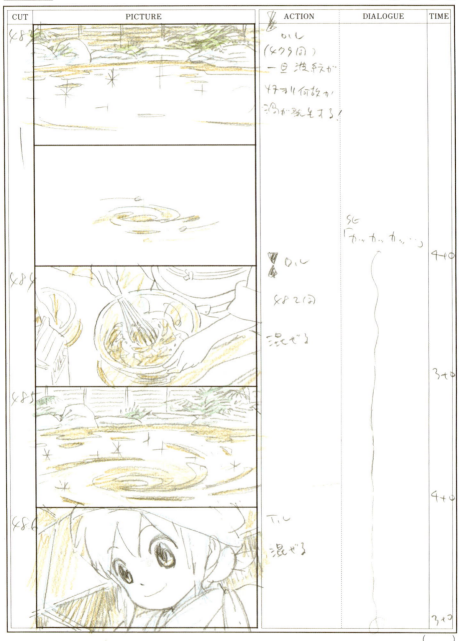

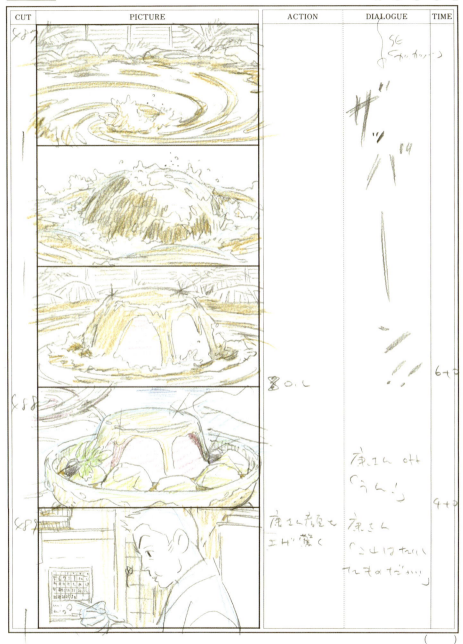

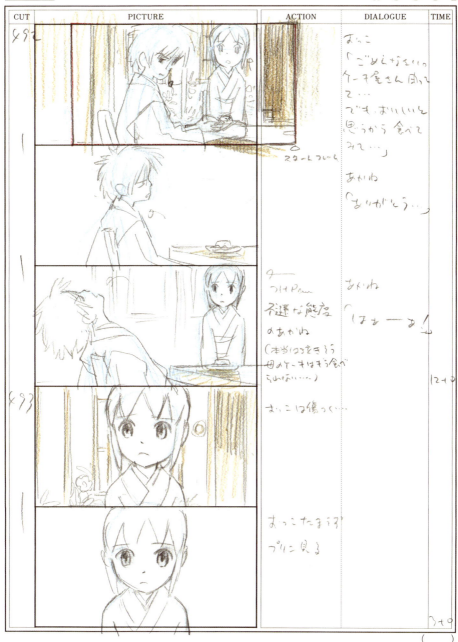

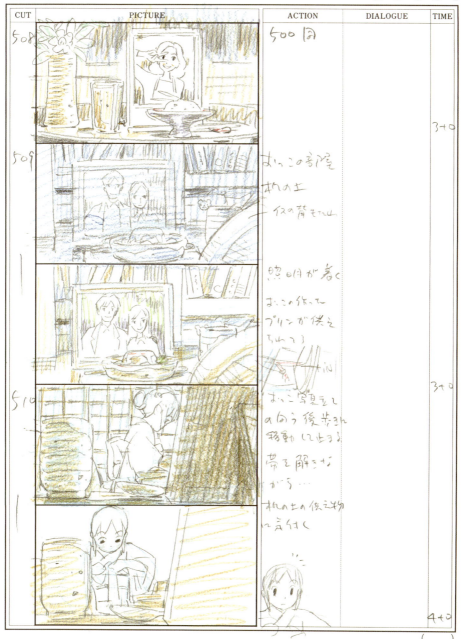

CUT	PICTURE	ACTION	DIALOGUE	TIME
511			むっつ「オリズさん…」	2+8
512		509はり Ti.O	—ぱ— 父off「うまい！」 母off「おいしい！」	5+12
513		母ふり返り ブリッコ ウインク♡ —固定— ↑Pan	↑料理の腕はお母さんが教えてくれたけど味は忘れたね！ 父offから お母さんはお母さんで ろーロ！ おーし」 ♡「ほう、子供の前で」	1+0

( )

CUT	PICTURE	ACTION	DIALOGUE	TIME
516		父身を起こし 母頷く →ゆっくりPAN	父「あたり前 じゃないか！」 母「うん」	3+0
517		子守をするなら しっかりと →ゆっくりPAN	父「…………」	3+0
518		朝、はなよの 廊下 FOLLOW 美陽IN 各々全に詠む 美陽	2OL 一同	4+0

CUT	PICTURE	ACTION	DIALOGUE	TIME
523		—フルサイズで作画— 朝。 ベランダに座り 外を眺めている あかね オクデが飛び立ち それに誘われる様に 立ち上がり、 再び森を一望に 後、部屋へ戻る		
			幸せは (あかねが 学校へ行くと言い 出してしね。 オレはしのんびり する予定だったん ですが」	
	Fr.O			12+0
524		幸せ、靴はき ながらパリ あかねまっすぐ 歩きFr.O	幸せに 「あいつの気が 変わらないうち に帰る事に しました」	
		↓ Fr.U		4+0

No. ___

CUT	PICTURE	ACTION	DIALOGUE	TIME
525		どうしたのォ？ なかね 明るい目に 結い振り返り セリフ	なかね 「タクシーまたよ」	
		セリフ後 木, こて振る なかね		3+12
526		表れ 「‥‥ それに」		2+12
527		A.C	表れ 若おかみさん に刺激された みたいで」	
		美陽 積れ出 るキってから呼 外へ歩いて行て 表れと峰キ	峰キ 「‥‥え」	
		おっ気配？ を感じふりむき 消える （その場で）		
			おこ洗路 SE「ダッダッダッ」	5+0

( )

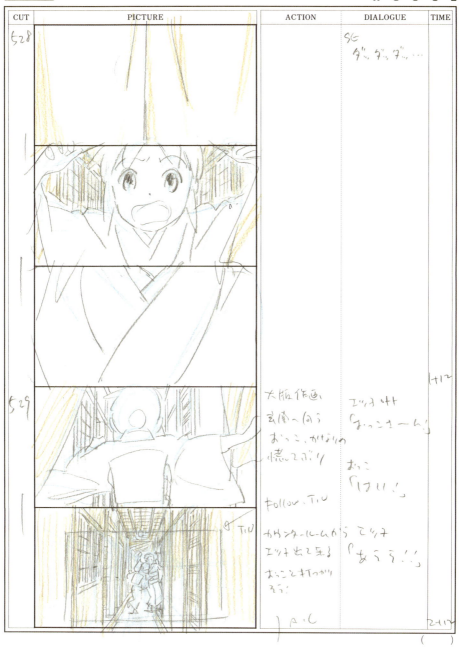

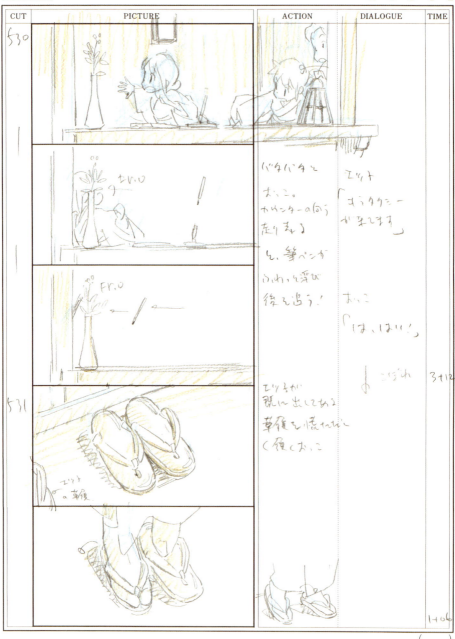

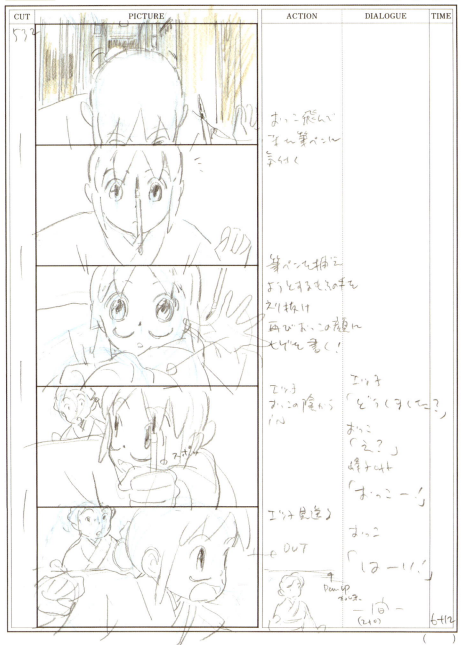

CUT	PICTURE	ACTION	DIALOGUE	TIME
		再び笑い出す あかね	あかね「ハハハ…」	
		釣られてじろこも笑い出す! 24	「ハハハハ……」	6+0
543		頭オトシ		
544		頭オトシ		
545 546でテレコ		マルチT.B 走りさるタクシー SE エンジン音にそう 電動モーターのEVの音		

191

CUT	PICTURE	ACTION	DIALOGUE	TIME
		OUTしない	あかね おおかみ	3+0
546		Follow	あかね さようなら！	3+0
547				
			むすこ さよなら〜	3+12
548		タ→沿って		4+0

( )

CUT	PICTURE	ACTION	DIALOGUE	TIME
556		カット頭のあおりから → TU follow マルチ引き 山肌を流れる雲の影を ②まばら現われる	きりっちょ 「ほら、見て」	3+0
557		555回 おっこ まっく見ようと 左を早める	おっこ 「わぁ、」	
		Fn.O 気の味		3+0
558		山肌を流れる 雲の影と相俟って 川で泳ぐそOC 見える鯉のぼり | Pan Down		
		① 2ルイ 週にトり		6+0

( )

196

CUT	PICTURE	ACTION	DIALOGUE	TIME
559			おっこ 「すごーい!」 あかねさんに 見せたかったね」 ウリ坊 「見れんにちがうが」 おっこ 「え?!」	6+0
560		↓Follow	ウリ坊ot 蜂ちゃん タクシーにここ 見るよう頼ん どいてね」 おっこot	3+0
561		↑Follow	興奮のあがり 「さが… おばあちゃん」	4+?

CUT	PICTURE	ACTION	DIALOGUE	TIME
562			夏月 「・・・・・ 色は交互に なってるし・・・ 両端は小さい 鯉のぼりで正解か！	
		確認にてる夏月 ふり向き 後のスタッフへ その後、おこ側に 来て夏月に話しか(?)		9+0
563		スタッフ④ 「奥行きが出て いい感じです」 夏月 「でしょ」		3+12
564		おこ 「あれ夏月さん？ この鯉のぼりを作った るんだ！」 かり坊 「はぁー！ 作業着までピンク や！鯉のぼりに いっしょにぶら下 気かよ？」 おこ 「うっ！やだかり坊（笑）		
				( )

CUT	PICTURE	ACTION	DIALOGUE	TIME
		2人OUT	ウリエ 「コラー！」	
		Pan オ0ウ了	夏目 「宮さん！」	3+0
568		563回 厳しい態度の 夏目。	夏目 「何してるの!?」	2+0
568		564回	むに江 「あ、いや その……」	
		カンボラ と、ウリ坊見て 見る		3+0

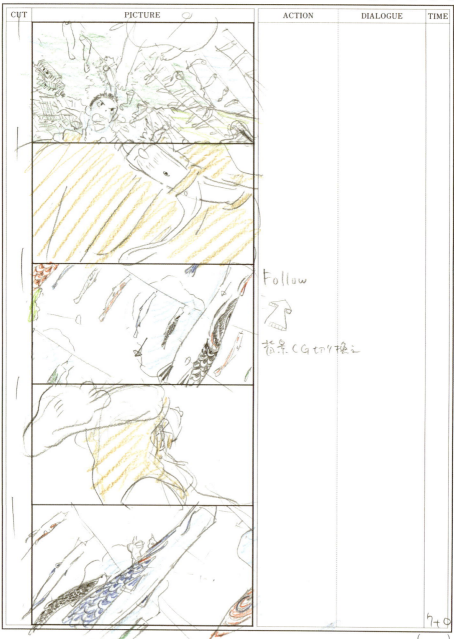

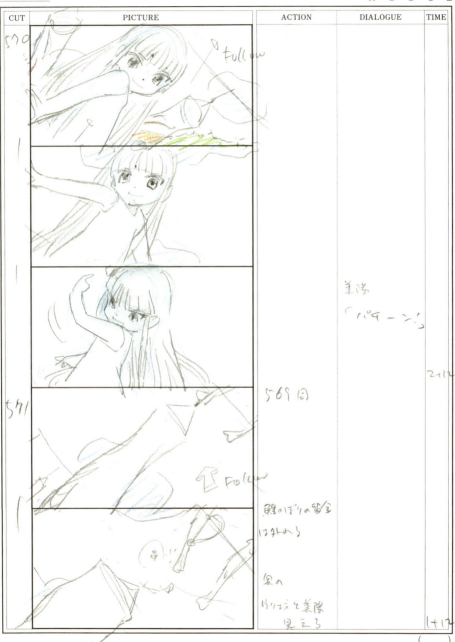

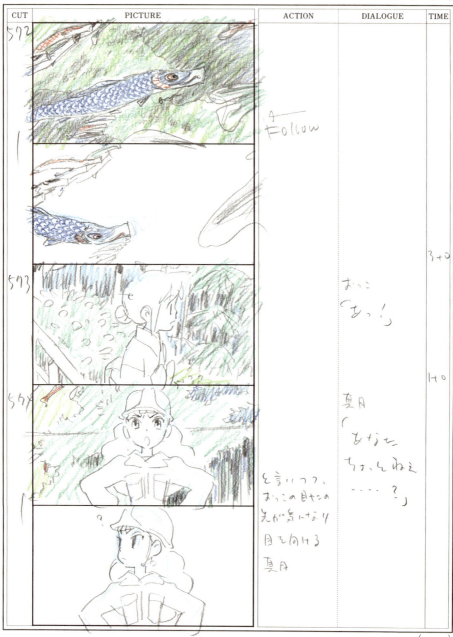

CUT	PICTURE	ACTION	DIALOGUE	TIME
574		574回	真A「なに?!」	3+12
575		575回 意志を持った様な様に泳ぐような… 鯉のぼり 天へ昇って行く! Follow		2+12
576		画面いっぱいを通過する 鯉のぼり 9 Fi.O		

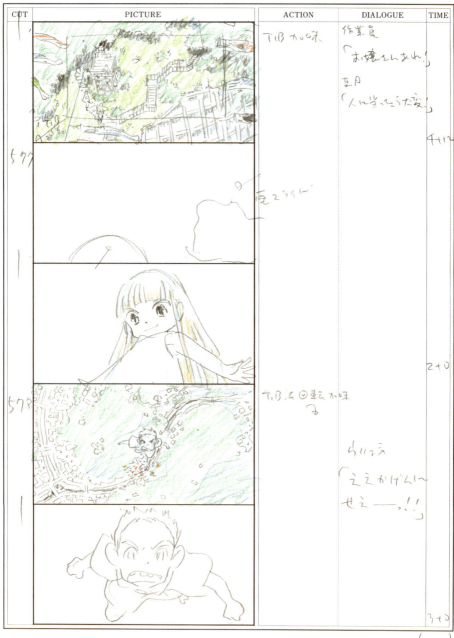

CUT	PICTURE	ACTION	DIALOGUE	TIME
579		578の 美陽、微笑んだ まま、後ろを指示す ふり返るらいぞう	美陽 「フフ…」 らいぞう 「なんや？」	3+0
580		578の 勢い良く上空に 走る鯉のぼり！ 1K作画 D9 ていねる回転がほ カメラ、腹の中まで		3+0

207

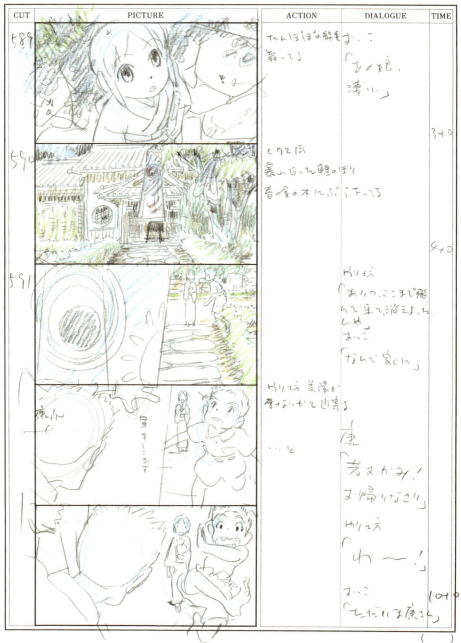

CUT	PICTURE	ACTION	DIALOGUE	TIME
601		592日 素頓狂な声出す なつこ	なつこ 「バカおがみ!?」	
		うケるうり坊	うり坊 「ハハハ…」	
		うり坊を睨む なつこ		5+0
602		598日 差陽 「朝とは大違 そ」 ピ	差陽 「真月とは大違 そ」	2+18
603		601日	なつこ 「真月…さん?」 うり 「モンふりの をい 合いなんか?」	3+12

( )

CUT	PICTURE	ACTION	DIALOGUE	TIME
604		600同 美陽思わず 立ち上がり ↓ Pan up	美陽 ○ 「妹をゼニふり って言わないで」 SE （近づいて来る） 花の満節のメロディー ♪	3+12
605		603同	おここ 「妹？」 ひりこ 「！？……」	
		そこへ歌対話 鈴の車がやって来て 停車 勿論EV		4+14
606		604同 月やン、おここ 違がる車の方へ どこか淋しそうな 表情に 閉ざ生じる		3+0

216

CUT	PICTURE	ACTION	DIALOGUE	TIME
607		605同 おっこ、美陽がふと 気になりつつ ふり返る	スタッフA 「ご迷惑をおかけし て申し訳ございません! 怪我された方は いらっしゃいますか?」 おっこ 「あ… 大丈夫みたい です」	8+0
608		606同	スタッフA off 「良かった! お嬢さんをオッと させるな、おい」 スタッフB off 「ああ!」 美陽 「ありがとね」	8+0
609			(重いです) —間— グリーフoff 「お前、ぜっフリ の妹なんか」	8+0
		信号機のイス 座面を合わせて キャ.2/3		3+0

217

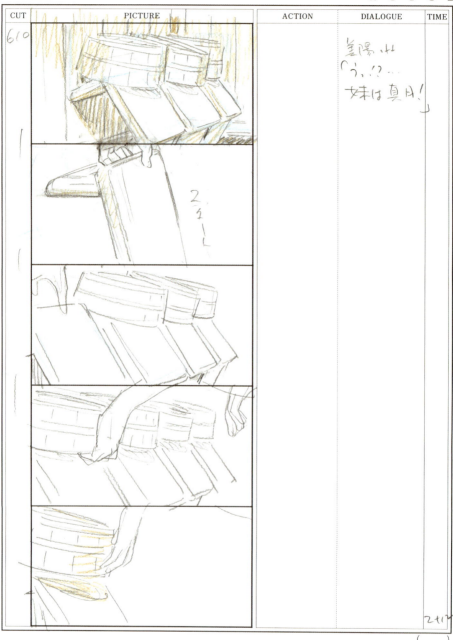

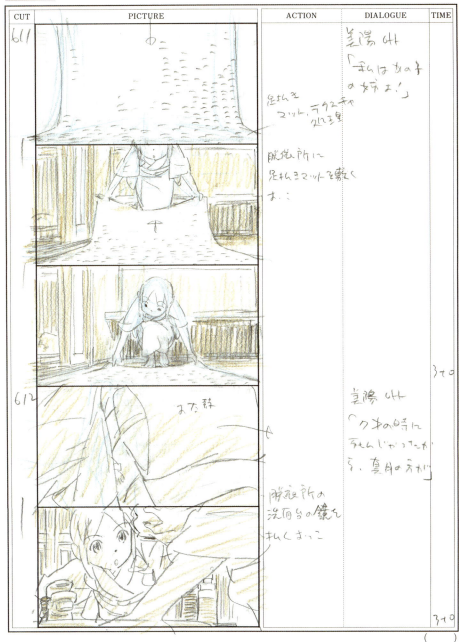

CUT	PICTURE	ACTION	DIALOGUE	TIME
613		タオルのった カゴを持って 立ち上がる むっこ (ここで会話始まる)	美陽のA.送る。 「大きく なっちゃって」 むっこ 「じゃあ 美陽さんのお姉さん」 こぼれ	4+12
		歩き出		
614		むっこ 向気味 らい終わり 美陽パッと消える	美陽 「美陽よ!」	3+0
615		むっこ タオル籠 台の上に置く むっこ (どーなるんだろ) ひげ 「さ?」 的なアイコンタクト		

CUT	PICTURE	ACTION	DIALOGUE	TIME

美陽パッと
現われる

美陽
「私、ここ気に入っ
ちゃった！」

4+11

616

美陽
「だって
退屈凌ぎに
ちょうどいいし
だもん」

4+0

おっ、ウリョウ
「‥‥‥‥」

617

おっ
「ユーレイが
また増えた？‥‥」

3+0

618

616の

美陽
「なら、増えたの
あたんだけじゃ
ないわよ‥‥」

4+0

619

－厨房－
鈴鬼登場

T.U 正座に
つ3う食いしてる

( )

CUT	PICTURE	ACTION	DIALOGUE	TIME
		ふとふり返り 思わず凝視 する鈴鬼！		
620		ーほー 康まじい 鈴鬼が持って食物を パクと食べて モグモグ	康 off から 「なに？」 康 若おかみ 「どうしたの」	5+0 2+12
621			やりこけみ おっこ (!?.... あ、い、ち、し、 いい匂いだな ーって思って (苦笑)	
		+フトP on かなぼ		4+0

( )

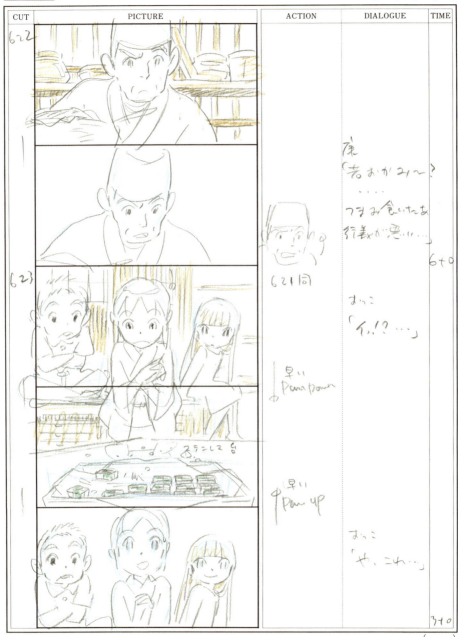

CUT	PICTURE	ACTION	DIALOGUE	TIME
624		619回	康二「で？どうでした、今日の菜漬けの味は？」	3+14
625		623回 慌ててるまっこ	まっこ「へ？…」	1+0
626		鈴鬼へ目を送る3人		3+0
627		サムアップを決める鈴鬼 顔赤か咲		2+0

224

CUT	PICTURE	ACTION	DIALOGUE	TIME
628		向き直り 同じく サムアップと 頷き！		
		差陽又サリ代	「イェー↓」	2+12
629		弟	「でしょ！」	2+0
630		238の同 机の箱の汚 れをぬぐい 蓋を開ける おっこ	おっこけ 「なんか一段と 汚れてない？」	4+10

225

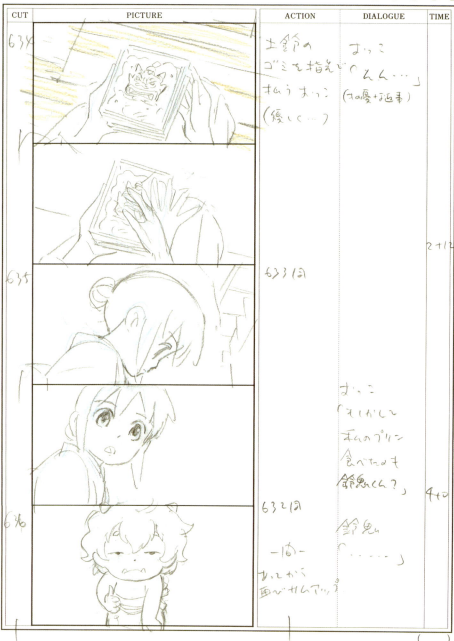

CUT	PICTURE	ACTION	DIALOGUE	TIME
645		6×3回	まいこ「だって大変な人ばかりが呼ばれたいけど、お客さんを呼び寄せてくれたんだ・・・」	6+3
646		)A・C	鈴鬼「炎で呼び寄せないとも言えないよ」鈴鬼「ボク、さな事を起こさないようにガンバリますね」おっこ「オニマが？」	8+3
647		234回	鈴鬼のけ「ずい・・・」（ハイ・）おっこ 3/3ずりほんる SG「バン」	1+0

231

CUT	PICTURE	ACTION	DIALOGUE	TIME
648				
			むっこ 「るのだっ！ ・・・・	
			旅館の仕事 手伝うのまら」	4+12
649		644同	鈴鬼 「え……ボクみたい 鬼なんですけど ・・・」	3+12
650		648同	むっこ 「鬼だって、なん だって関係ない から・・・・	3+11

( )

CUT	PICTURE	ACTION	DIALOGUE	TIME
651		649同	おこOff 「美陽ちゃん、あなたそね!」	
			美陽 「ええ〜っ」	6+0

Bパート 終わり!

若おかみは小学生!
絵コンテ

C
パート

C-652〜C-911
(19分18秒12コマ)

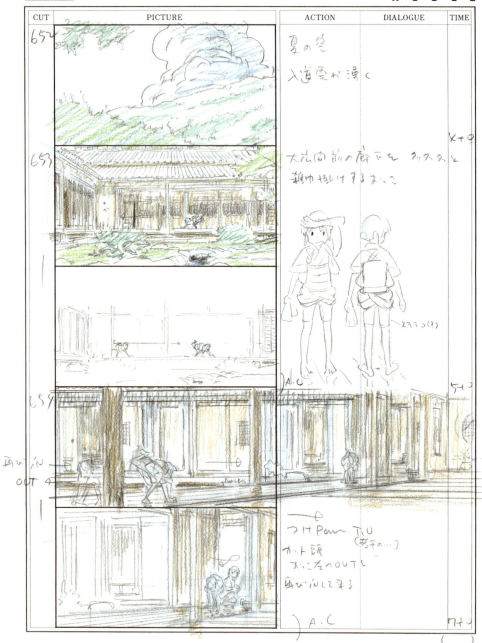

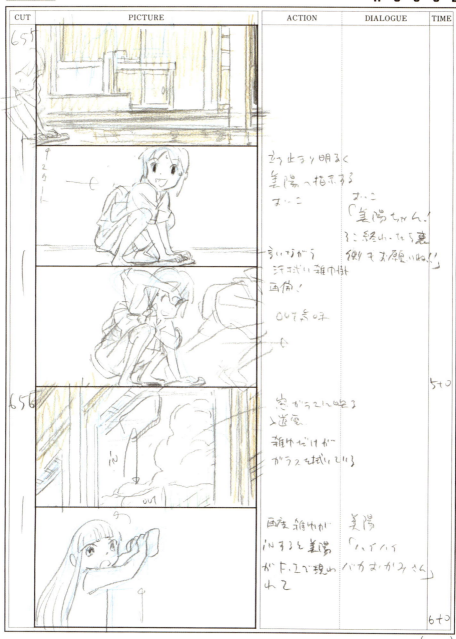

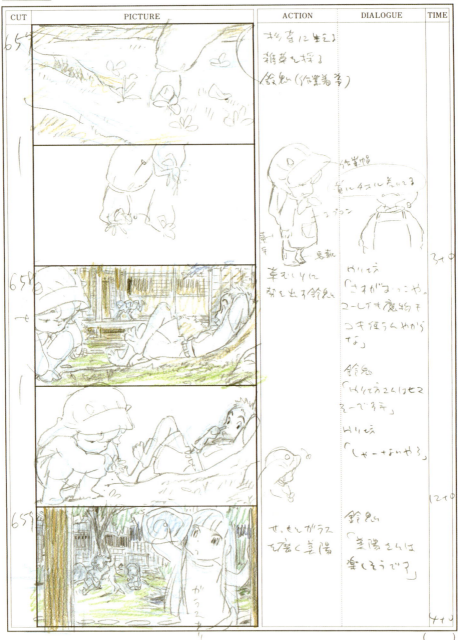

CUT	PICTURE	ACTION	DIALOGUE	TIME
660		ふりむく	「車がえんえんやる 誰も相手にしてくれへん 旅館に居るんが……」 「あー分るわ…」	3+0
		ハナクソこねる とり方		
661		658同 何気にハナクソ 飛ばすウレチ方		
		鈴鬼ビックリしてつつる	鈴鬼 「ぅわーっ ハナクソ…」	
		そこへおっこ してなって注意する	おっこ 「鈴鬼くん 君はなるべく痛めないようにね！」	7+0

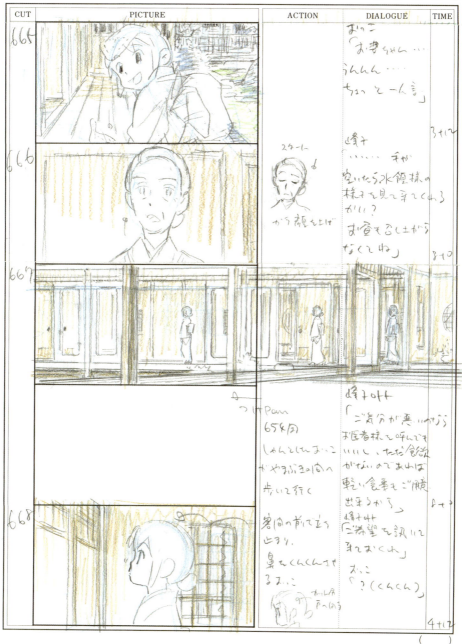

CUT	PICTURE	ACTION	DIALOGUE	TIME
669		やおびきのみ　おつこ「失礼致します。」外明りのみの暗い次の間戸を開け入ってするおつこ		
				3＋＋
670		るるると歩み寄り		
		声を掛ける　おつこ「水領さま」		2＋0
671		おつこ水領さまお休みなんでしょうか……」		

（　　）

CUT	PICTURE	ACTION	DIALOGUE	TIME
		再び臭いを感じくんくんするおっこ	おっこ ーくんくんー 「えっ?…… 何か焦げてる? ……」	
				6+0
672		襖の隙間からケムリが漏れ出ている		2+0
673		671同 おっこ ビックリ	おっこ 「ええ!? 火事っ!?」	
				2+12
				( )

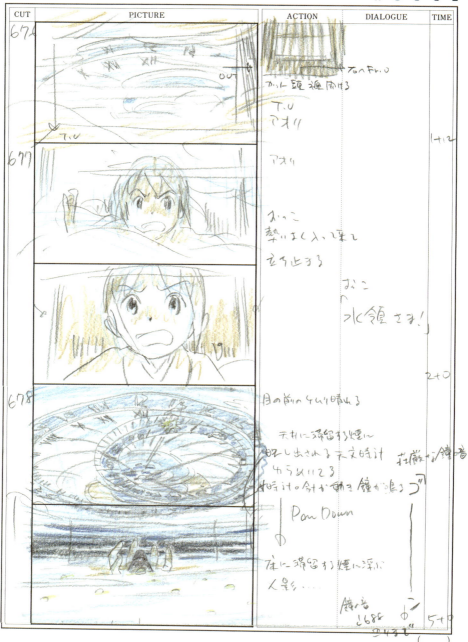

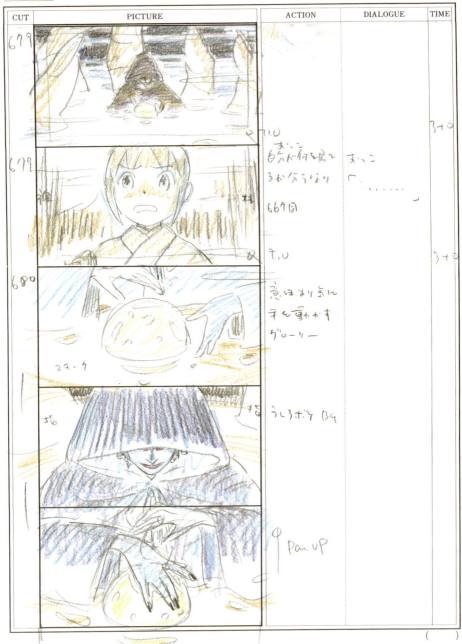

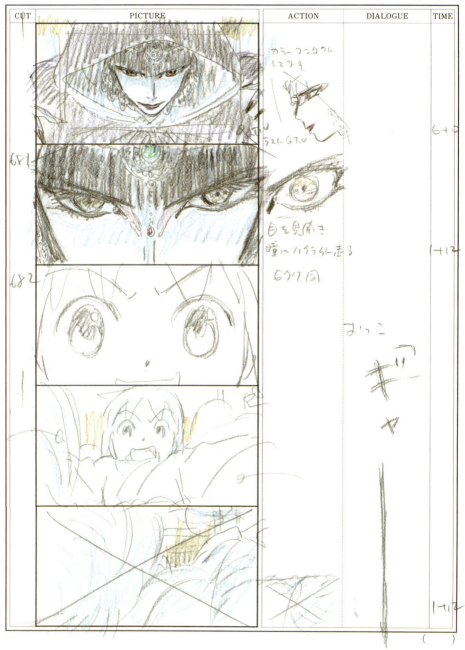

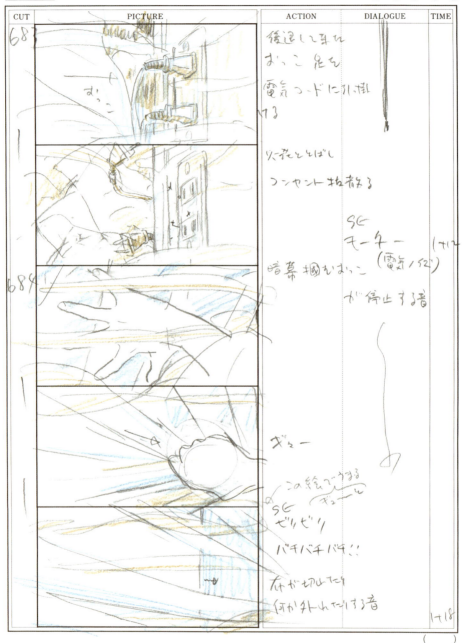

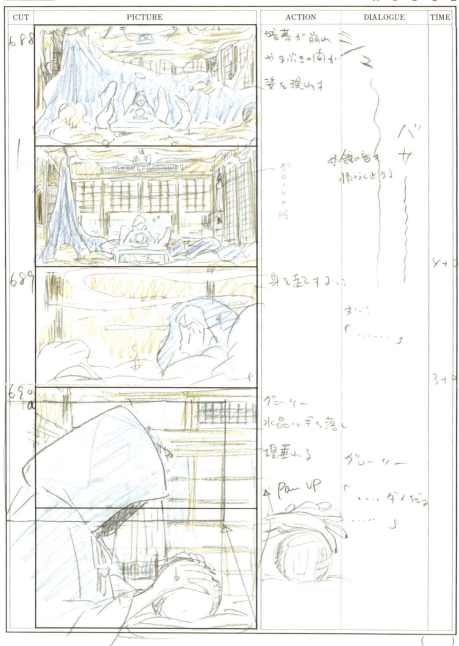

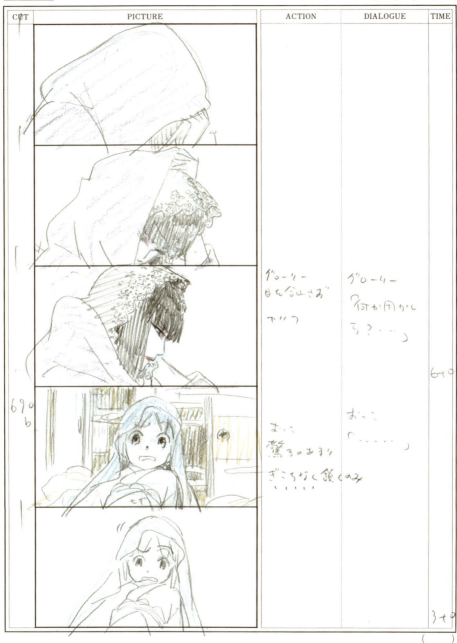

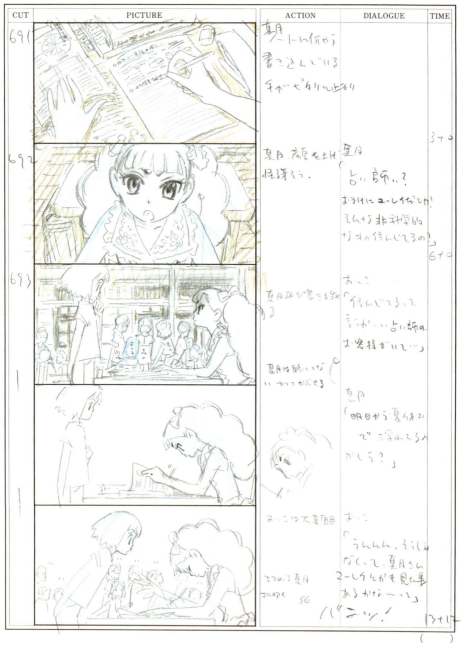

CUT	PICTURE	ACTION	DIALOGUE	TIME
694		692は 夏帆と同じヤツ を吐く夏A	夏帆 「あなた！ 若おかみじゃなくて バカおかみじゃ ない！？」	8+0
695		苦笑いのおこ	おこ 「‥‥‥ どっかで聞いた たような‥‥」 （小声で）	3+0
696		693は そのシャープペンで ○ りを指し示す	夏帆 「花の湯温泉はね！ 夏休みこそ本番なの!!」 みんな宿題を 手伝うのにいいわ！ おこ 「私がやって‥‥」	
		バッと おこを遮る様に チラっを指し出す 夏A	おこ 「!?‥‥」	9+12

253

（　　）

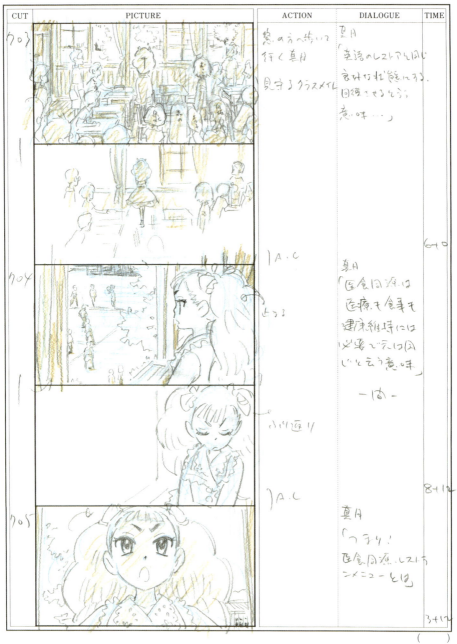

CUT	PICTURE	ACTION	DIALOGUE	TIME
		空高く放り上げ られるたれ紙		
		落ちて画面いっぱいで ○温泉街の建物の全貌 Fr.IN		
			エリ子OH 「痛い痛い」 け、どっ どじでキャッチする こぼれ	6+10
クロン		T.B ↓Follow 4.4 T.Bから↗		

( )

CUT	PICTURE	ACTION	DIALOGUE	TIME

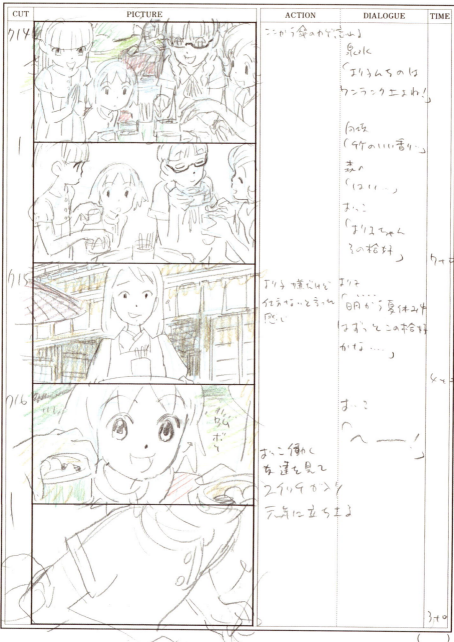

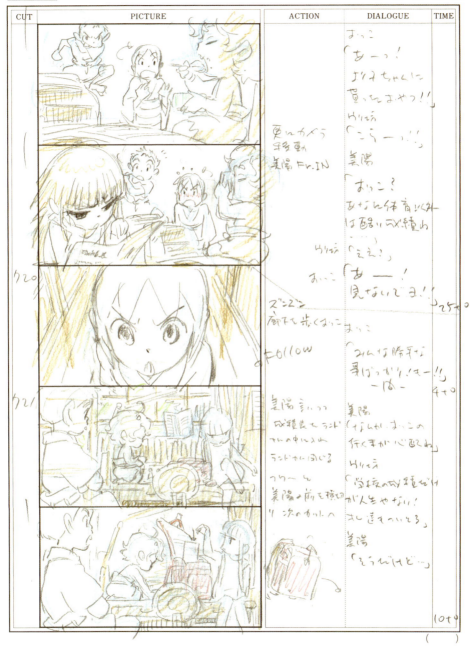

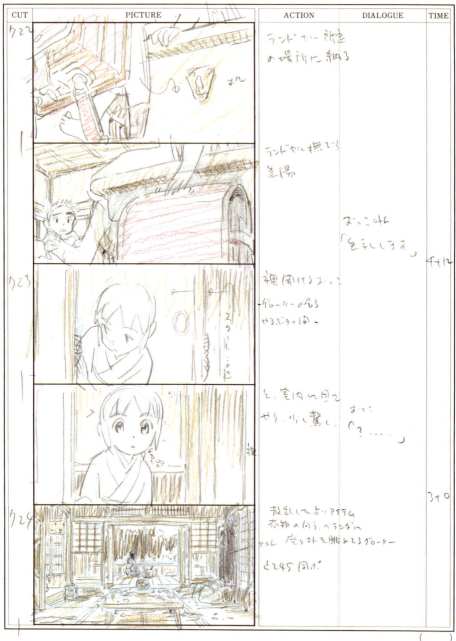

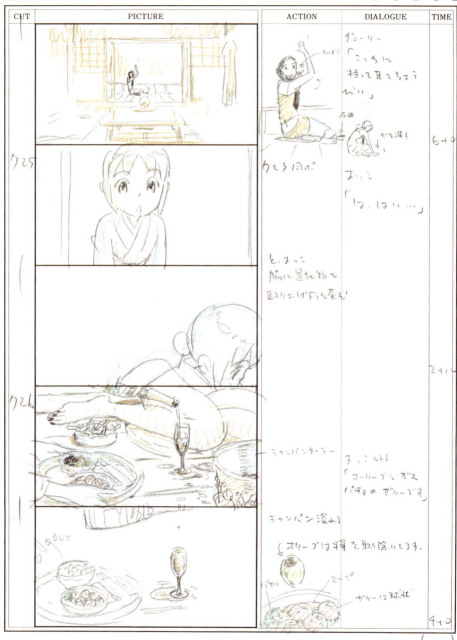

CUT	PICTURE	ACTION	DIALOGUE	TIME
730			グローリー 「ありがとう… 気を使わせて ゴメンなさい」	
			まいこ 「いいえ、 とんでもないです」	5+12
731		)A.C クスクは グラスを持ち替え ぬるきシャンパン を飲む。 (日本酒風?)		
			まいこoff 「あの……」	6+0
732		りよは (イラスト)	先生い まいこ 難しそうに「浴衣はお召しに なりますか?」	3+0

CUT	PICTURE	ACTION	DIALOGUE	TIME
744			おいこ 「カッコイィー!」	
		おいこもハナも鞄を 咥えながら モデルチェンジに してみる (様になっない)	おいこ 「続きまして 香々屋·通年 コレクション お太鼓結びです!」	
		当然 イマイチ決ま らない…		
745			グローリー 「ククク…」 身を正し グローリー 「どうぞ、ありがとう」	9+0 9+0

CUT	PICTURE	ACTION	DIALOGUE	TIME
755		湯舟を見る むっこ	むっこ （？）	5+0
756		877景 キラキラ光る 露天風呂。		2+12
757		755同 てれ下がる 目パチあり 覗き込む様に むっこ	むっこ （んん？…）	2+0
758		756同 てれ下がり		
		湯面隆起 して…		

276

CUT	PICTURE	ACTION	DIALOGUE	TIME
380		CG Follow →		
		ブロー・バー off 気晴らしは買物が一番！ ありがとう 付く合ってくれて		
		おっと off 「イイで！ この回じゃ ツーランク 上って言われてる ショッピングモールに 私を行って見たかったんです！」		6+0
381		CG ↑ Follow		

285

CUT	PICTURE	ACTION	DIALOGUE	TIME

美緒

美緒in

「ちょっとおっこ!!

そんな格好で
出掛けるつもり
!?
私が恥ずかしい!」

ﾅﾘ込み

「オレ着が居ら
んでも平気か!?
おっこ」

服を気にしながら
立ち止まり

おっこ
(……)

クサク

12t0

( )

288

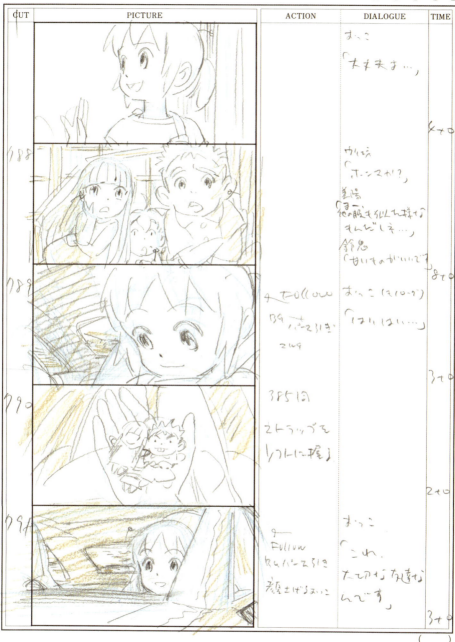

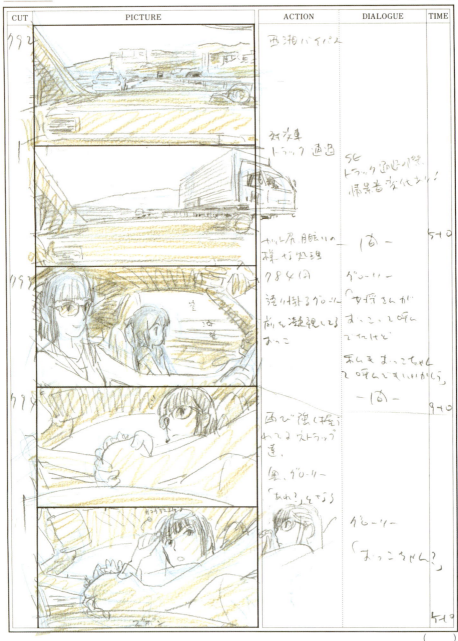

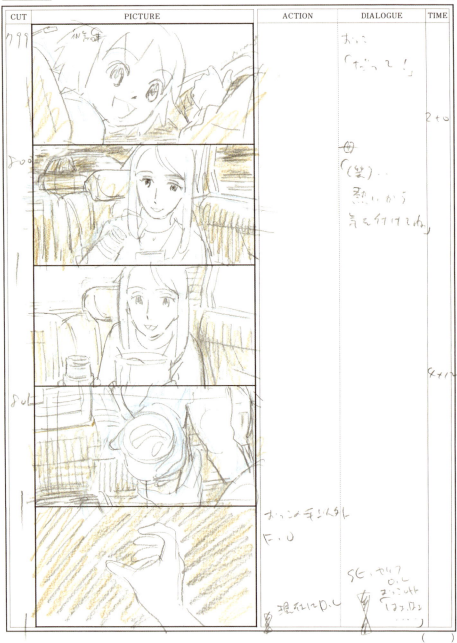

CUT	PICTURE	ACTION	DIALOGUE	TIME
		クP6(回)	みっこけH 「はっはぁはッ …」	3+0
802		クフクロ 更に荒くなる フいる息使い	みっこ 「はぇはっはゕ …」	3+0
803 a		35回 顕在化にこ になる事故の 記憶。		
b				3+1
804			グローリー 「みっこちゃん、 どうしたの!?」	3+0

( )

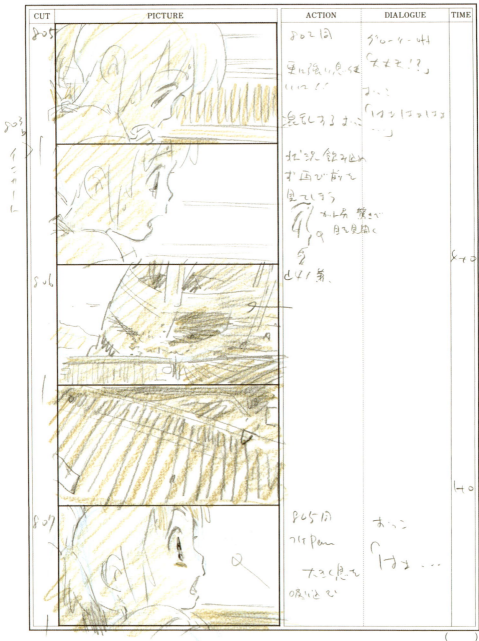

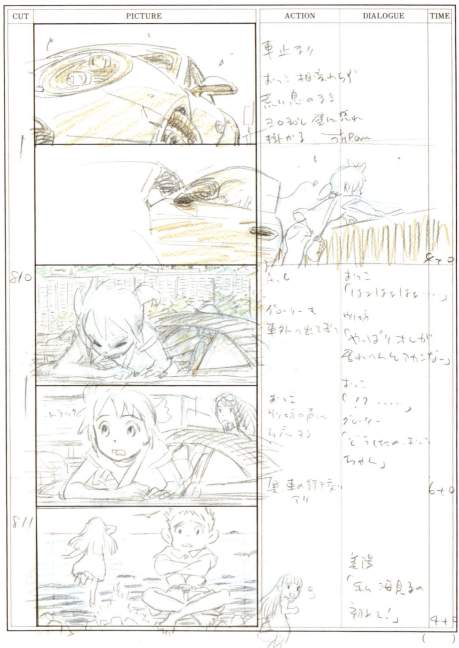

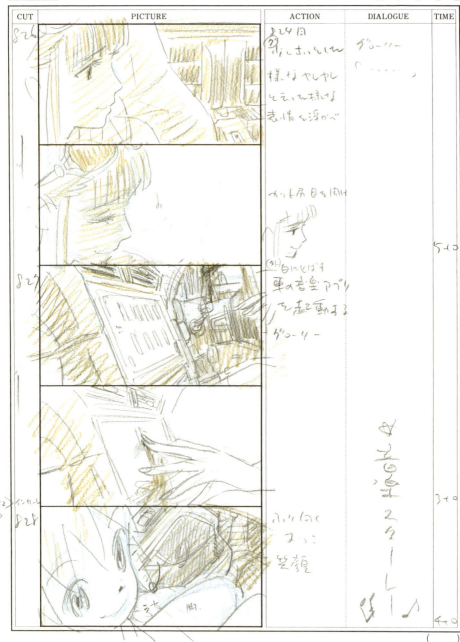

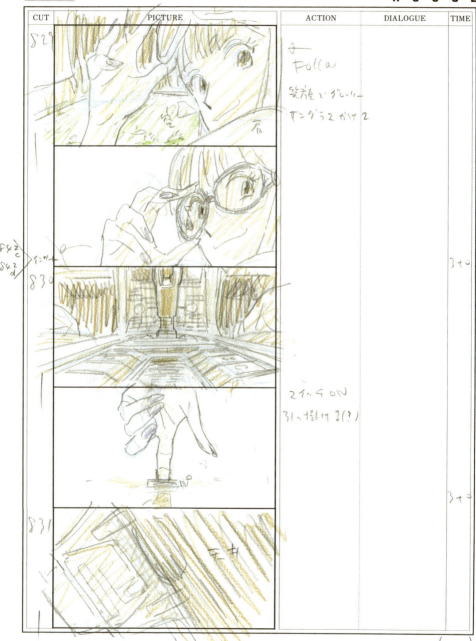

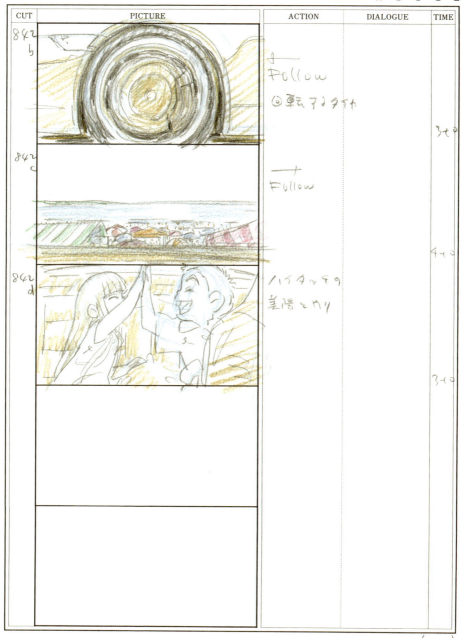

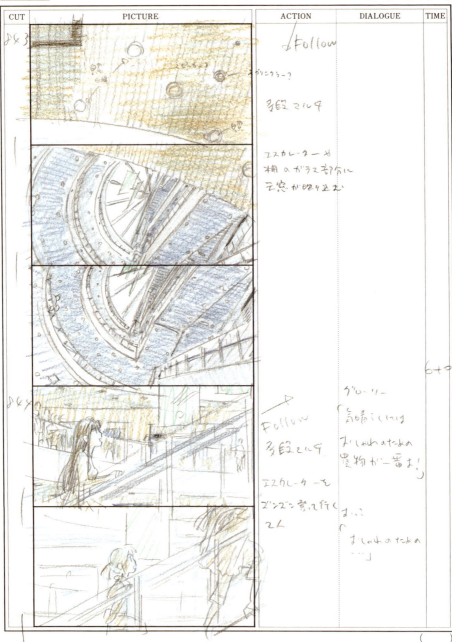

CUT	PICTURE	ACTION	DIALOGUE	TIME
853			みこ 「かわいい〜」	2+0
854				3+0
855		とんで嬉で みこ ぴょんぴょん	みこ 「カッコイイ3」	2+0
856		突然ショート ヘアーのグローリー?		3+0
857		鏡くろいめ上る るみこ サングラス下がり	みこ 「アレ?…」	2+0

312

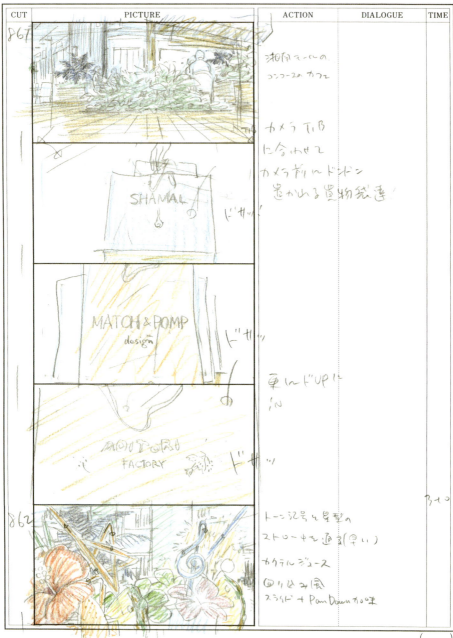

CUT	PICTURE	ACTION	DIALOGUE	TIME

863

866
⑥
インサート

ACTION column:
飲みきってる2人

2人の動き
はシンクロして
ます。

コミカルに！

2人

クルッとふりむ
き…

866b（12秒）
インサート
T.Bして
建物全体が
迫り上がる

DIALOGUE column:
SE
「ジョルジョル
ジュルジュ…」

2人
「プハ〜！」
(美味しい！…)

グローリー
「さあ！」

みつこ
「ん！」
(5+12)

グローリー
「第2ラウンド！
デデキますわ！」
(ここ何となか大阪弁)

みつこ
「ええ！？…」
(また食うの？)

TIME:
3+0

9+0

315

CUT	PICTURE	ACTION	DIALOGUE	TIME
868			みっこ 「おてうガンド?! ……」	3+0
865		予後服ディブプくグ`ロ━リ━ ─ off ハフフ… あなたの気晴ら しがすてきてしょ」 ──P Follow (曰リ込ユ/凤) B0レ(1+0)		3+0
866 a		──P Follow (回リとユ/凤)		
866 b 867		どこかで見た様に な2人が……(踊ってるかえ…) │866b (12K)	(踊ってるかえ…) 3+0	
	POPOPO		みっこ 「!?……」	1+17

( )

CUT	PICTURE	ACTION	DIALOGUE	TIME
872		8クロ回	グローリー「でかうりいム じゃない、気侭」「うんうん、」	3+12
873		内気の子に グローリー 次に選んだ服を 指し出す むっこのバッグ	グローリー「ハイ、つぎ!」 むっこ「!?…」	1+12
874			むっこ ファッションショー 開始!	
		同じ試着室		1+12
875				1+12

319

CUT	PICTURE	ACTION	DIALOGUE	TIME
876		前カットは別のTS 18巻しばり		1+12
877		20巻表紙.		0+18
878		16巻表紙		0+18
879		18巻しばりの絵		1+12
880		18巻表紙		1+12

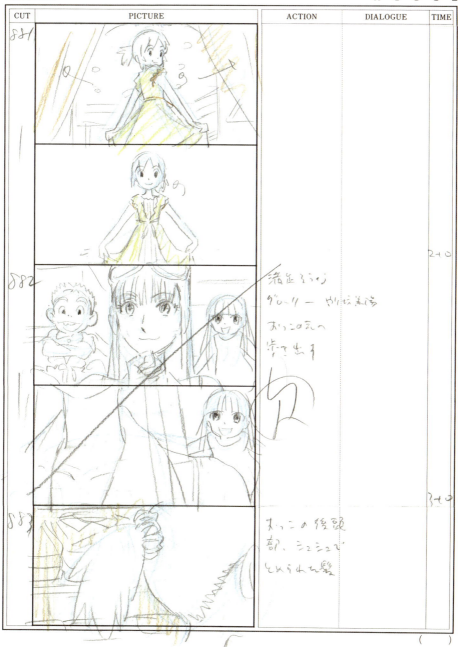

CUT	PICTURE	ACTION	DIALOGUE	TIME
		グローリー 店員へふり向き	グローリー 「じゃ、これもち おだい。 靴も全部よ」 店員	
		ビックリする まっこ ↓Pan	「ハイ かしこまり ました」 まっこ 「そんな! グローリーさん、私 おばあちゃんにも 弘ます」 まっこ 「お客さまに こんな高価な ものを!?」	
		↓Pan		
		グローリー 人指し指で まっこの口元を 押さる		22+0
88年			グローリー 「お客としてじゃ ないわよ。 年のはなれた友 だちからのプレゼ ントだと思って ちょうだい」	6+0

( )

CUT	PICTURE	ACTION	DIALOGUE	TIME
885		グローリー…ますみ みつ？ O気を軽く ポンと叩いて 指差す	「……」 (ズス…)	3+0
886		88引き 夕焼前の空 山頂のみ日が射している ↓Pan Down		
		車CG? !N		6+0
887		↑Follow フロントガラスやに 流れる景色 映り込む 木数ガードレール 作画		3+0

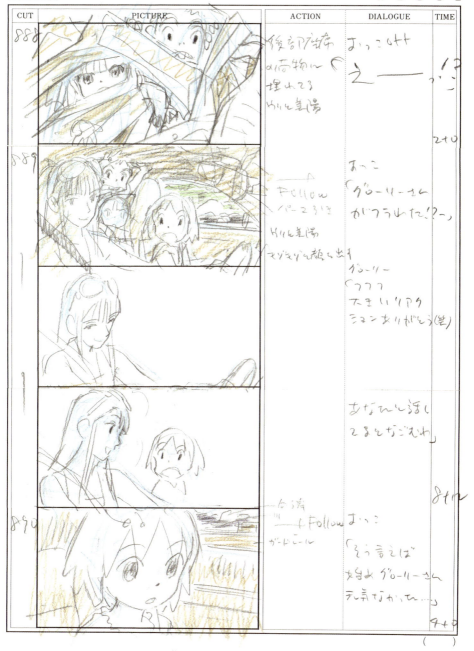

CUT	PICTURE	ACTION	DIALOGUE	TIME
891			グローリー 「フラれたのは きっとあなたが占い師 だからね」 むっこ 「え!?」	4+18
892		890の ↓ Follow	むっこ 「そんなの酷い! 占い師だから フラれるなんて そんなの」	5+0
893			グローリー 「ううん。違うの 自分の占いを 信じ過ぎたの よ」	5+0
894 a		誓える三本本 セル2（流） 8886 カードを置く	グローリー 時 「別れた彼に 私の相手は私 これ以上なれない なったの 「セリフ こぼれ」	3+0
894 b				3+0
895		ユート 画面いっぱい客がする 引る グローリー コート 私とよい始める問	「私という生き方で 画面いっぱい客が多くても 大丈夫って自信が あってね」 「セリフ こぼれ」	4+0

CUT	PICTURE	ACTION	DIALOGUE	TIME
896		バーにポツンと坐っている経元。彼のみF.O	グローリーはこで別れてきうれちゃった。それで最高に運の弱い日にね…	5+0
897		置き去りにされたバラの花束。ハーモニー		2+0
898		893と	グローリー（……）	2+12
899		892と	みこ（……）	3+4

327

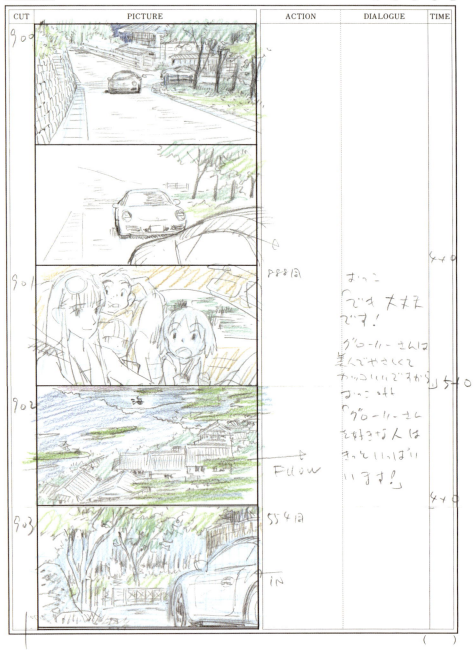

CUT	PICTURE	ACTION	DIALOGUE	TIME
910			ろろろ居なくなっちゃった」	6+0
		♪クロ お使いからエッチさん出て来る（水打ち前の桶と持って） みっこ寂しさを覚える…	みっこ「え…」 峰「テーッ、みっこ」	8+0
911		527 同ポジ みっこ楽しげに！ エッチ グローリーの荷物持ち 峰子ないやら 指揮(?)	峰「見違えちゃって」 エッチ（ホントに(笑)） 以後セリフなし	8+0
		F.O. ▼		
	Cパート終わり。			

若おかみは小学生!
絵コンテ

D
パート

C-912〜C-1276
(26分50秒06コマ)

CUT	PICTURE	ACTION	DIALOGUE	TIME
		タオルをとる	峰子「では、妊婦も俺が せる沢には行か ないだろ」 母「女！」	2+0
914		再び動く 腹のなかをさする	母「重たい… …… それ！」	3+0
915				
			母 「ほう― 休みなさい って…」	
		ⓜE+0	オセリフ尻エコーかける	4+

335

No.

CUT	PICTURE	ACTION	DIALOGUE	TIME
916		仮F.I オミマヤン他 観光 客送いて下さい おりる後歩き 気味に手前に 来る おっこ言われた通 がうつける	おっこ 「本当ありがとう！」 「バイバーイ」 おり子 「浮かれて転ば ないでよ！」 有名人♡ おっこ 「だいじょーぶ」 おっこ 「わっ！」 ・・・・・ へへ(笑) バイバーイ！」 おり子 「はずさないわ ——」	
917		クロ ふり？ 坂道を駆け上が ってまるおっこ 白衣も着た美人と 流暢らしこ二人坂を 降りて行く		13+0

( )

336

CUT	PICTURE	ACTION	DIALOGUE	TIME
		クロロホ		
		↓Pan		
		桃桃兵山する人	みっこ「こんにちはー！」紙座師＆マリカ「こんにちは」	9+0
918		クノは	(SE戸の開く音)みっこがヒ「おばあちゃんただいま〜！」	3+0
				( )

CUT	PICTURE	ACTION	DIALOGUE	TIME
919 a		事務室 顔上げるエッチ	エッチ 「あ、おっこさん…」	
		立ち上がる		2+0
919 b		戸をしめる むこ エッチ近寄り ココセリフ	エッチ 「今、女将さん お加減が悪く て横になって らっしゃるんです よ…」	
			むこ 「え!?」	5+0

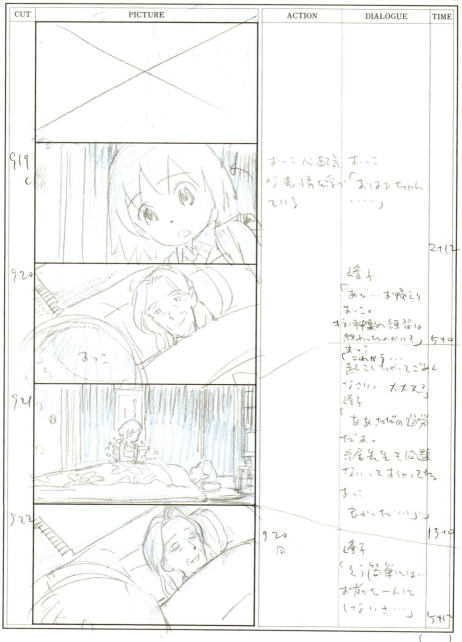

CUT	PICTURE	ACTION	DIALOGUE	TIME
327			おっこ「おばあちゃんにこの本見せなきゃ」	3+0
328		くるりと一歩踏み出すも思い留まる		
		メット尻尾でくるりと軽やかに去る		5+12
329		自分の部屋のフスマ開けつつセリフ		
		カット尻何かに気付く ここえろすに	おっこ「あり？ね、美陽ちゃん居る？ん？」	4+0

( )

341

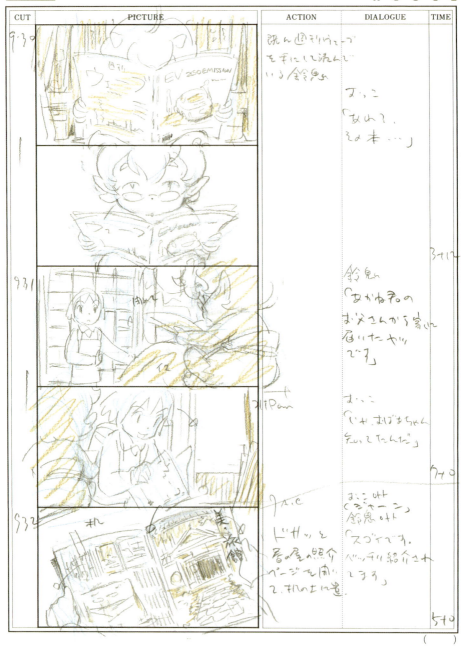

CUT	PICTURE	ACTION	DIALOGUE	TIME
933		931同	おっこ「えーなぬのよぉ(笑)(オバサンぽく)これ見てお客さんじゃんじゃん来るね！」	
		本に目を落しページめくる	フフフ……おかあさんのお父さんて作家さんだったなんてビックリ！	9+12
934		932同 陰陽の写真より	鈴鬼「鬼織子じゃなくて、おっこさんとしか出てませんね」	8+0
935			おっこ「いいじゃんおっこさんて」	8+0
936			鈴鬼「じゃおっこさん、季節のモンブランお願いします」	3+0

343

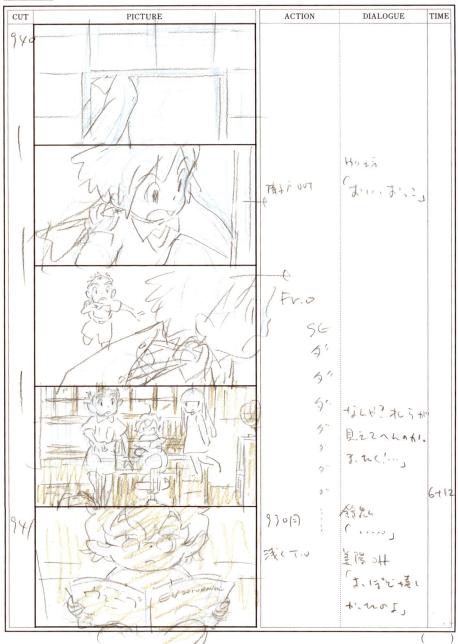

CUT	PICTURE	ACTION	DIALOGUE	TIME
941		鈴鬼ポソッと重大発言！	鈴鬼「……もう、その時が近づいているんです……」	6+0
942			美陽「え……」 ハル坊「……（予感アリ）」	2+0
943		澄川（鳥居くん）宅の捨る場 手をさしのべる鳥居くん	SE お晴は18才16才	2+0
944		4:59:23 辺り 神楽の練習をする美陽		

346

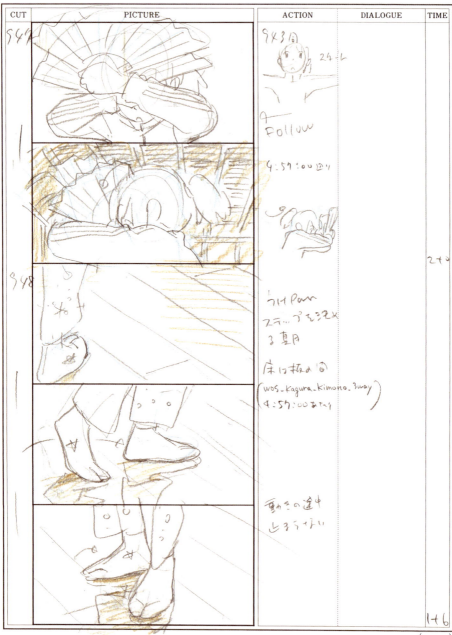

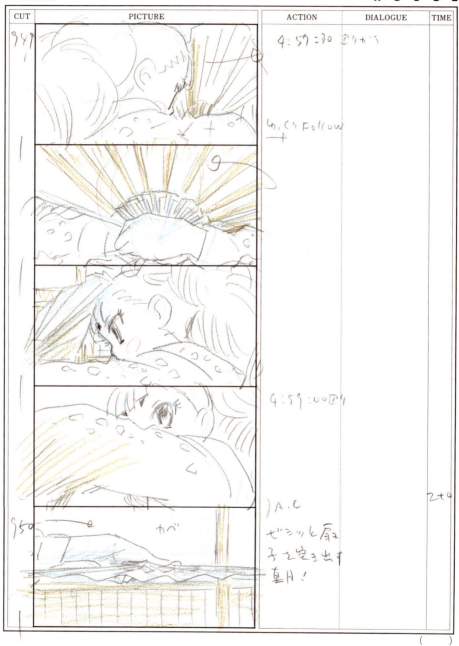

CUT	PICTURE	ACTION	DIALOGUE	TIME
952		2コマOL	鮨「凛さん 相手の動きに捕われ過ぎです	
		うつつ膝のの音楽プレイヤーのスイッチを切る	もっと自分の舞に集中しな(ｯｾ…)	6+12
953		黙って扇子を弄っている真月 おっこスマ切るに測る。	演奏止む おっ「ごめんなさい もう一度お願いします。	
		パチンと扇子をとばし真月 パタン↓		X+12

351

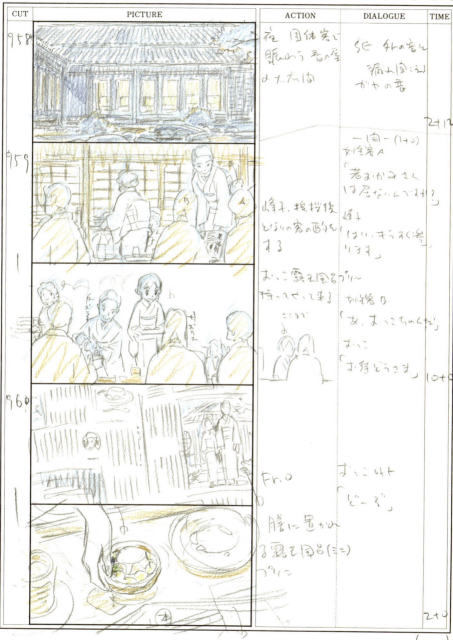

CUT	PICTURE	ACTION	DIALOGUE	TIME
961			お客B 「かわいい♡」 女A 「露天風呂ブリンじす」 女お客A 「本当! 露天風呂だ」	6+0
		むっこ後らの嬢を見る		
962		客に酌をする嬢子	嬢子 「おそれいります。 さ、どうぞ」	
		酌る		3+12
963		961同	客B 「コッコちゃん かわいい! 後でこの本にサインしてくれる?」	

354

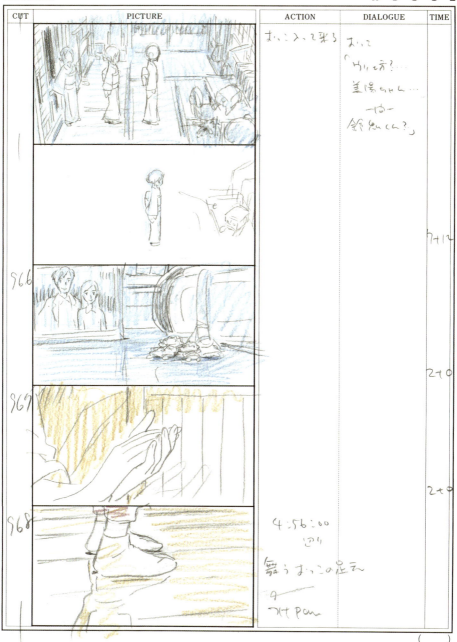

CUT	PICTURE	ACTION	DIALOGUE	TIME
969		4:57:20 4:58:00(2)4 ↓ Follow Follow		1+6

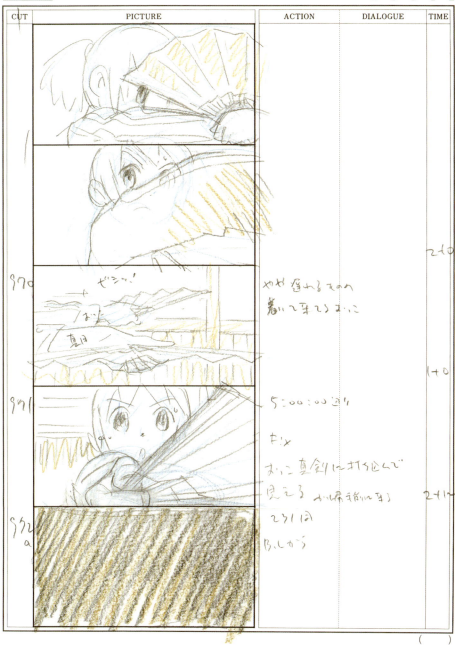

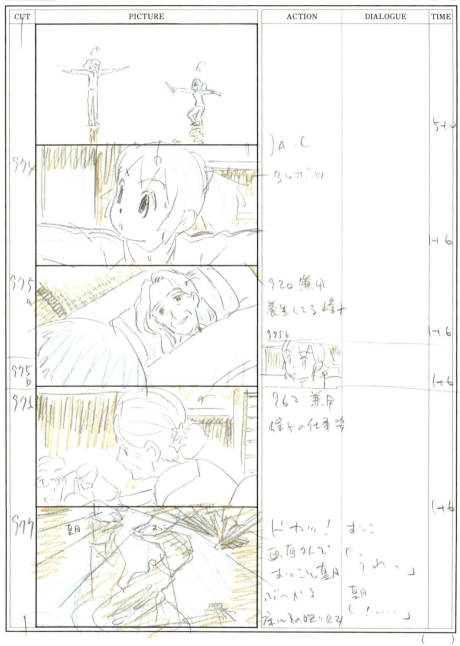

CUT	PICTURE	ACTION	DIALOGUE	TIME
		扇子を落とす		0+18
978		転ぶ2人	真月「キャッ」*お踊り止む	
979		Qテレビ 979 (952目)	鳥居「あっ」	2+0 0+18
980		真月にふりむ おこる おこ	「ご、ごめ なさい！」	2+0
981		応えず おくれて立ち 上がる真月		2+12

362

CUT	PICTURE	ACTION	DIALOGUE	TIME
987		987 回 鳥居へ向き	夏目 「いつまで続くか 分からない 旅館なのん？」	3+0
988		988 回 鳥居 床を見ように セリフに 立ち上がる…ニ	鳥尾 「秋野さん」 おじぎのち 〜それどー言う 意味よ！？ ←こけ味	2+12
989		夏目、扇子向に 扇いでい… 鳥尾 けっこうむっ…	夏目 「合わないの？ お客様に気を遣わ せる旅館が 長続きすると思う？」 むっ 「家がそうだって 言うの！」	10+12
990		カット尻 目向い	夏目 「音の屋さんは、 中居さーんだから、 みおれのお姿勢で お客様の相手を しなきゃいけないんじゃ ないの」	6+12

364

CUT	PICTURE	ACTION	DIALOGUE	TIME
991			おっこ「だって女将だもん！」	1+18
992		(990は) 真月:目も一度 るし 担ぐさし涙 真月	真月「……もう大女将でいいお歳じゃない。 るしな、 お年寄りに荷物を運んでもらったり、 何かとキモを病むなんて、お客さんは気を遣うよ」	
		扇子回す		10+12
993		ズッと 1歩のり出し せリフ	おっこ「だから私が……」	1+14
994		扇子逆回し	真月「小娘に気を遣ってどうしろと」	2+14

( )

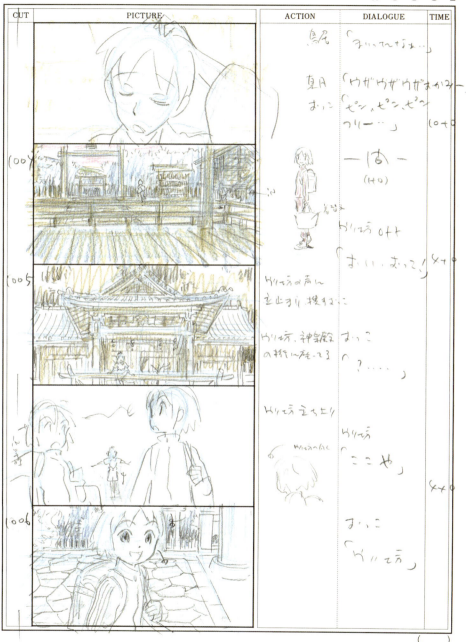

CUT	PICTURE	ACTION	DIALOGUE	TIME
(007)		イラつう気配になって るガン子	「ねーどこ いってんのよぉ」	4+0
		嬉しいかにち うぃつつ手前 へ飛んでくる	にりこ 「お、おっ、 見えるんがっ」	
			ちりこ 「へへ…」	
(008)				3+0

CUT	PICTURE	ACTION	DIALOGUE	TIME
		Uターンするトカゲそこへ石落ちる		6+0
012		男の子しゃがむ(翔太)	翔太「あれ？…」	
		トカゲ目で追って…	新場「ちょっと、可愛そうでしょ」	
		石で投げる翔太	新場「之い！」翔太「発射！」	
				3+0

373

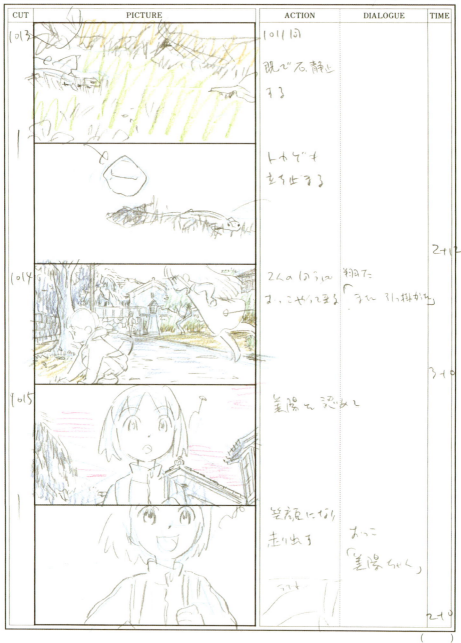

CUT	PICTURE	ACTION	DIALOGUE	TIME
(037		手前、弱んど 手を付けられず 奥の膳を下げる おっこ 又たおかず つまみFr.0		
		スライドFr.0	おっこけ 翔たくん いいなーっ	3+0
(038			おっこ 「だっこに おうって」 翔た 「繊キィ〜〜」	
			文た おばあちゃん 悪いけど、これも 下げちゃってくれ 京子のけ 「はりたまっ」	10+5

( )

CUT	PICTURE	ACTION	DIALOGUE	TIME
1039		文太 普通の食事が摂れない寂しさ	文太 「薄味過ぎて病院のメシと変わらねえよ」	3+12
1040		ちょっとショックを受けつつ謝る ↓ つけPan	おっこ 「……あ……申し訳ございません」	3+0
1041		首を上げ 1036はず 1034はず	おっこ 「何か他に用意出来るか試しに参ります」 寅 「いいんですよ」 ええ やっと家族で旅行が出来るようになったんだ 今日ぐらいゆっくりしたもん食ってえぞじゃないか	4+12
1042				7+0

383

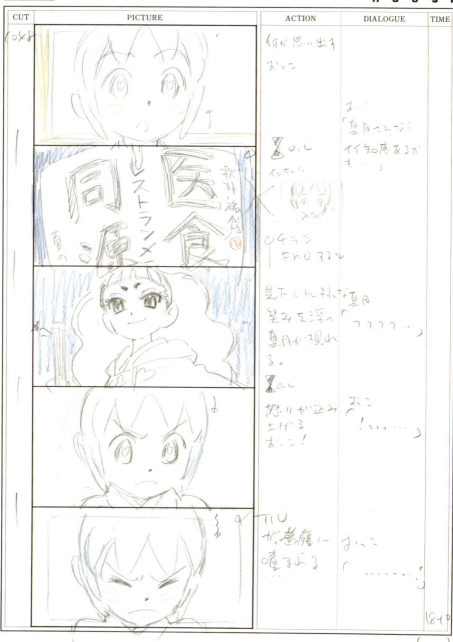

CUT	PICTURE	ACTION	DIALOGUE	TIME
1049			峰子 「どうしたね おいこ」	2+0
1050		1048と T.U おいこ 決意に満ちた おいこ 顔を上げる（!……）		8+0
1051		ドリーは言うこのはな すごテ戸付近か ら見ている おいこの声に驚く 3人 言い終わらぬ 内に走り出す	おいこ 「私、秋おと旅 館へ行って相談 してきます」 峰子 「え？…」	

386

CUT	PICTURE	ACTION	DIALOGUE	TIME
1053		慌ただしく ゾーリを履くも つけPAN		
		片方のゾーリ 脱げてしまう		
				2+12

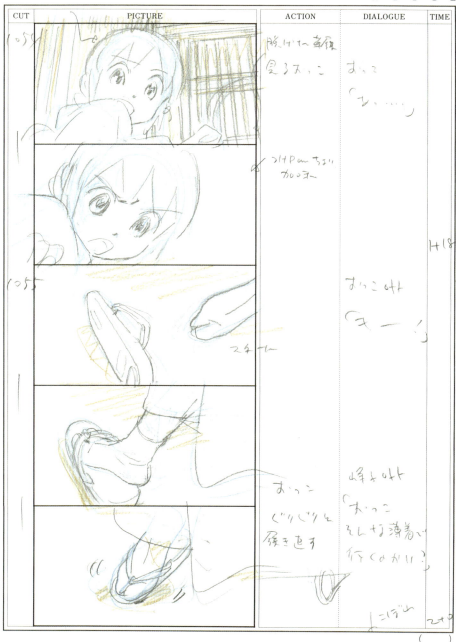

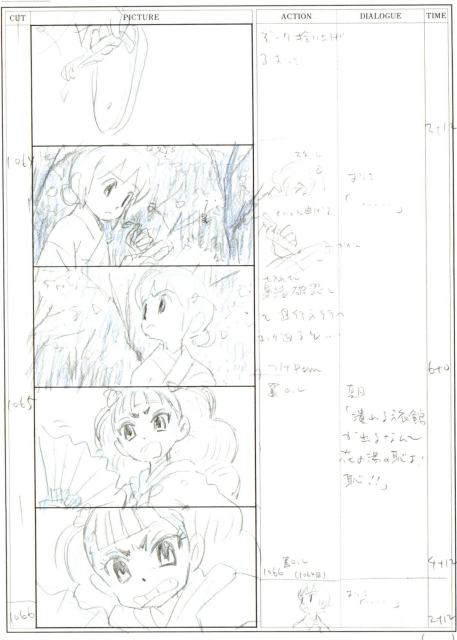

CUT	PICTURE	ACTION	DIALOGUE	TIME
1070			おい？ (はっ.. 美陽ちゃん？	6+0 4+0
1071		ギドウチ旅館 フワッと ライトUPされる		10+0

394

CUT	PICTURE	ACTION	DIALOGUE	TIME
1080		1018 ②		
		スタッフ ふりむいて おっこに オレ のスタッフ 背 イーアスル	むっこ （もりがしう （ニげん） ございますして」	3+0
1081				
				6+0
1082		ぢうPam		
		左振りさわって 階段で昇い行C おっこ おっこ	朝日さし？」	6+0

( )

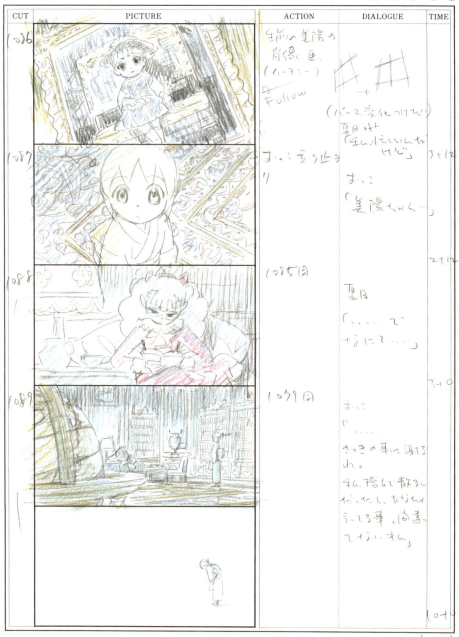

CUT	PICTURE	ACTION	DIALOGUE	TIME
1090		1088 朝日、鼻から息 吐き、ポーズっつ 考えるポーズへ	朝日 「(思)——… で？……」	3+12
1091		おっこ心変わりおっこ 「…… 朝日さんに 力を貸して欲 しいの。 どーしてもお嬢 様に満足して 頂きたくて！」		7+12
1092		1090 朝日メガネ外し おっこへ目セー を向ける	朝日 「—ほ— あなたに は意地ってもん はないのかしら？」	5+12
1093		1091 キッと話するも おっこ怯まず 互に一歩前へ	おっこ 「！？…… あるわよ！」	3+12
1094		1092 額を上げる 朝日	朝日 「 ……」	1+12

( )

401

CUT	PICTURE	ACTION	DIALOGUE	TIME
1095		1093月 カットに続くおっこ 目をとじ話し	おっこ （べずみ、 お客さまに喜んで 貰らうえがて大事 だもん、… 夏目さんだって そうするんよう）	7+0
1096		夏目、おっこ と対峙して後 後	夏目 （……）	
		続き目をとじに なかなかかう じゃない、65な	夏目 （こな、どうか しらね……）	
		と、そこに 何がを感じ る夏目、はっと なる （美陽の声ひく） そして 電気スタント が突然消え、 夏目ふりむく	夏目 （！……）	
				6+0
				（　）

402

CUT	PICTURE	ACTION	DIALOGUE	TIME
1094		おっこも はっとする	おっこ 「な、に……」	1+0
1098		おっこを見る 真月 スタンド見ながら 真月を見るおっこ 真月目を逸し 真月 本をパンと閉じる	「ふ―っ」	x+0
1099			真月 「ま。君の家さん が潰れたら 花の湯の恥だ しな」 こぼみ	x+0
1100			おっこ付 「うう……っ」	3+0

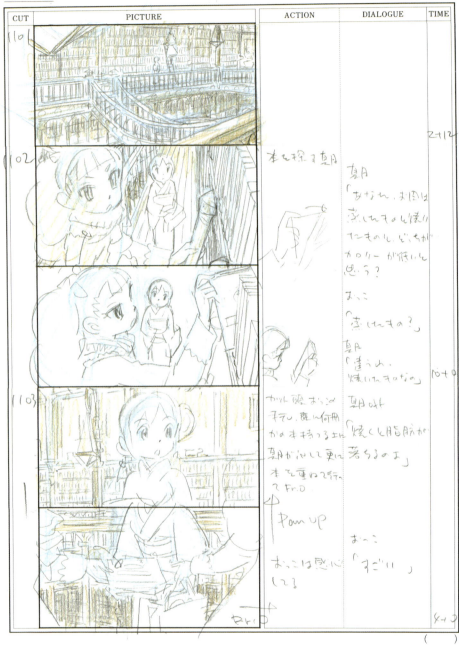

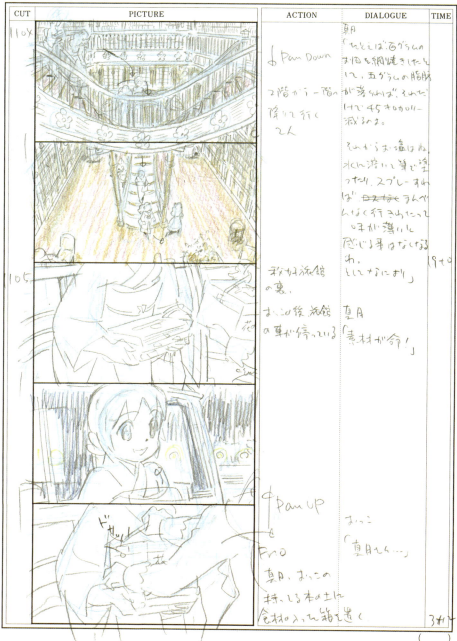

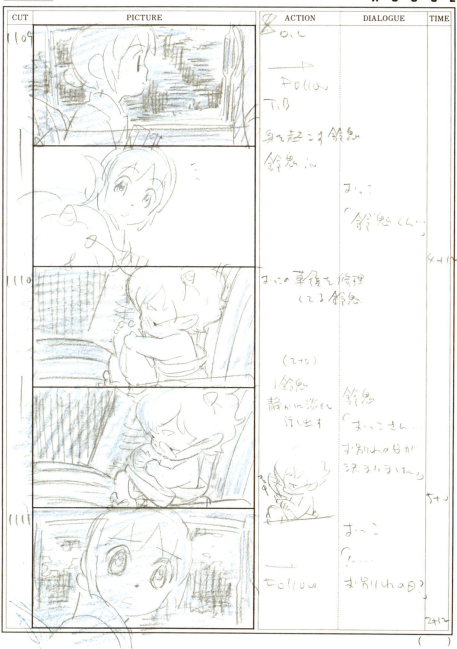

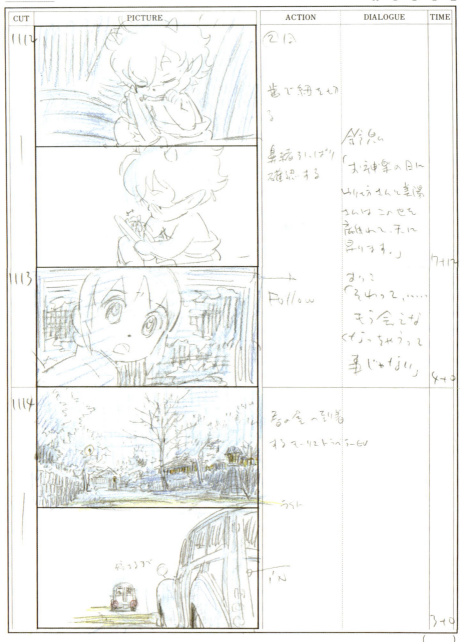

CUT	PICTURE	ACTION	DIALOGUE	TIME
1123		垂り付く えた	えた ♡ん！……	
		もう一度 垂りつく		3+0
1124		えたは上機嫌 寅、翔たに似 霞えはる プリンが 重ってみている 103 6コマ	寅 うん、うまい！ 塩味も効いてる、 むこ (はい、水に浸けた お塩をまんべん なく塗って一度焼き してます 翔 カゴと食べちゃう	
1125		104コマ えた 食べながら 感心してる	えた (こっちゃ (サクラのチップ さ 焼いてる な、	10+12 2+18
126			おこ様……	2+0
127		103 5コマ 翔たに 喋げり ながら	お酒も飲み たい へ飲みない む！ 翔た (ダメだよ、	3+12

411

CUT	PICTURE	ACTION	DIALOGUE	TIME
1128			文太 「お〜、 お酒が強い な〜」	3+0
1129		1126同	おこ 「ござます！」	1+12
1130		1124同 文太と寅子 おこを見た後 テーブルを見る 羽スは右袖ん 遠継オン様に目が 移動	文太、寅子 「ええ?!」 おこ 「こちらに」	3+0
1131		右同	一同 おこ 「お酒で炊いた 松茸ごはんです。 アルコールは飛ん じゃってます けど(笑)」	6+0

( )

CUT	PICTURE	ACTION	DIALOGUE	TIME
1132			えろ 「へえー」	
		匂いを嗅いでみる	えろ (笑)…… 酒のいい香りが」	
		食べ出す		
			えた (………)	6+12
1133		1124同 皆さん笑いが 漏れる之た。	えろ (…… クッ,クッ,ク, クッ,クッ……」	

( )

CUT	PICTURE	ACTION	DIALOGUE	TIME
			えた「ワハハハ……」	
		おいこ思わずガッツポーズ！	うて「んまいっ!!」おいこ「かっれー♂」	3+0
1134		と2.5周ボ居 受付けカウンター（暗い）で何やら見つめている峰子が居る そこへ料理を運ぶエツ子が通りがかり声をかける		3+0
1135		エツ カット尻 チャン崎さんのも行き当り…？	エツ「姉さんどうされたんです？」	3+0

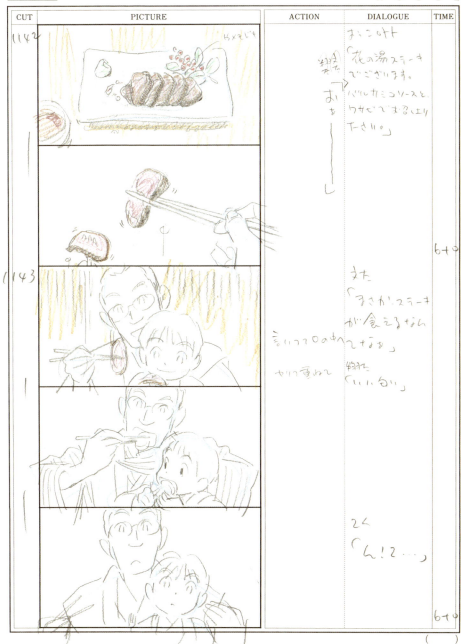

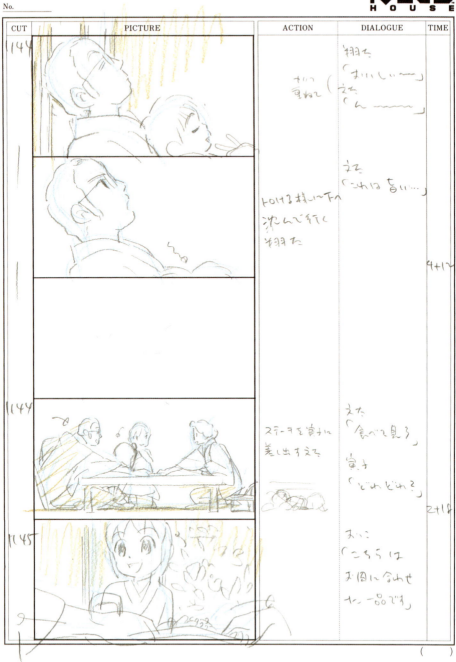

CUT	PICTURE	ACTION	DIALOGUE	TIME
		手前、さっこ お皿片付け 立ち上がろう と する所へ 外稼ぎなく 言う。	「はー」 えた 「お嬢ちゃん ありがとな オレみたいけすれ の我儘は付 くれてよ」	
		先が翔で 食べさせてる。		2+0
1149		2コD	さっこ 「いいえ。 こちらこそ父ロ に合う料理を お出しできて嬉しい です」	6+0
1150			翔で 「おいしい?」	
		頷き じっと味わう えた	えた 「ん…」	4+12

420

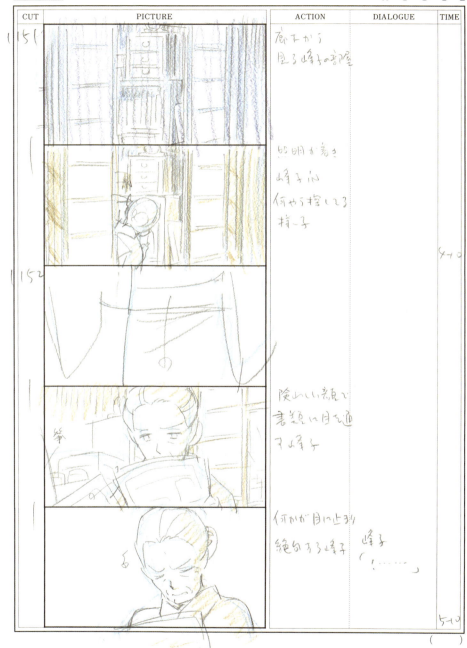

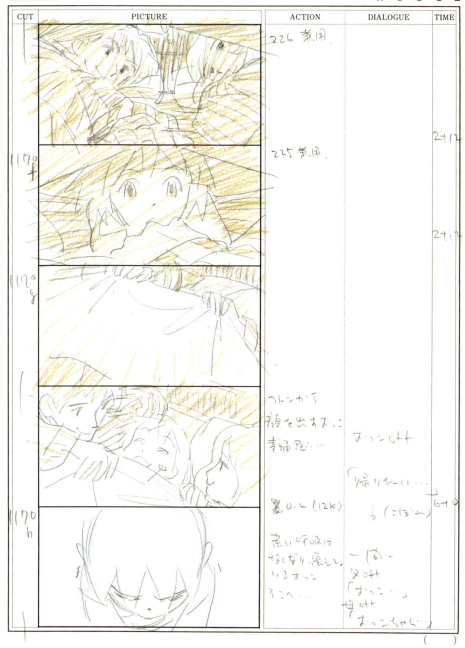

CUT	PICTURE	ACTION	DIALOGUE	TIME
		気付いて	えっ… (……)	
		声の方へ目を 向ける 7A・C		7+5
			( )	

CUT	PICTURE	ACTION	DIALOGUE	TIME
1175			父 「お父さんも、お母さんも、お前が幸せに くれる事が嬉しいんだよ。 僕等はもう このせにいない けれど、お前は 元気で、立派に生きて あるかみになってくれ。	15+0
1176		顔を上げ。	まいこ 「い、や.... お父さん、お母 さん、私を一人 にしないで...」	6+0
1177		消えて行く 両親	父 「お前は一人じゃ ないよ...」 母 「そうよ...」	5+0

430

CUT	PICTURE	ACTION	DIALOGUE	TIME
1192		ポルシェコクピットから走り出してるむっこが見える 車に気付くむっこ		1+18
1193		困るむっこ ポルシェ止する		3+0
1194		照し出される見たれぬむっこの顔		2+12
1195		ライト消え ポジションランプつき 車から出てくるグローリー グローリー	むっこちゃん!	4+12

436

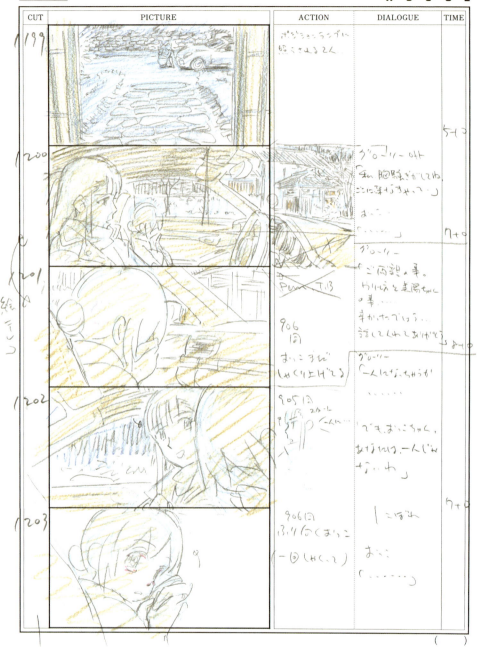

CUT	PICTURE	ACTION	DIALOGUE	TIME
1222b		↑ つけPANして…		5+0
		心配そうに 見守る家族 たち		2+12
1222c			え、い？ 「……」 さなえ母親 も「……」	3+12

( )

CUT	PICTURE	ACTION	DIALOGUE	TIME
		体もえたに向け、姿勢を正し		
			ゆっくり休んで行って下さい。	
		頭を下げる 翔太も続く	翔太「下さい…」	6+0
1228		父、迷わない	父「…ありがとなお姉ちゃん でもオレしが辛いーんだよ…」	
		9絵コンテ		
				7+12
1229		1は1 むっこ笑み消える。 向こうたくない 言葉を向く事に	むっこ「……」 えちゆけ 「だってあんた…」	3+0

447

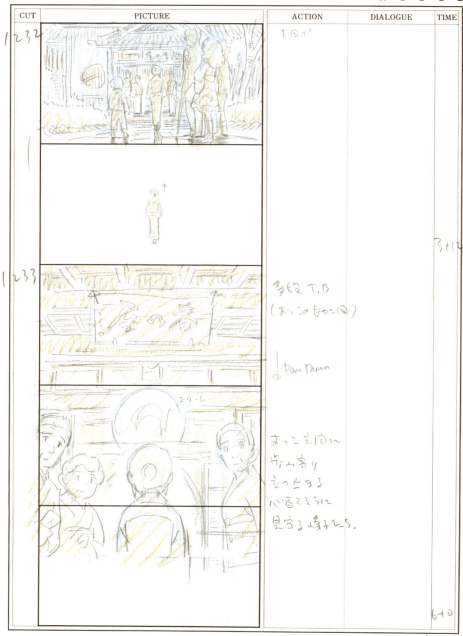

CUT	PICTURE	ACTION	DIALOGUE	TIME
237		吾妻屋玄関前へ 俯瞰 雪舞い落ちて 行く グローリー登場	ー間ー 翔子 「雪だ」 グローリー 「みなさん 中に入りません? 雪も降って来た 事ですし」	3+0
			グローリー 「キムも泊めて 頂けますよね?」	2+12
238				
237		ハモる2人 2人	峰子とまこ 「はい、勿論 です」	
		顔を見合わす		3+14

451

CUT	PICTURE	ACTION	DIALOGUE	TIME
240		グローリー、みんなと住木 寅子、夏月からバッグを受ける	グローリー 「さ、早く♡」 寅子 （バッグ、ありがとう） 夏月 「まない」	
		夫、仕方なしに歩きだし 間を置いて グローリーも歩き出す 夏月への会釈も忘れない	寅子「あなた」 和人「父さん」	
		夏月は兜を守り 出す如く 礼をしている		11+12
241		和人OFF 「おばちゃん前にはここ来たの？」 グローリーOFF 「ううん… 子どもよ…」		

CUT	PICTURE	ACTION	DIALOGUE	TIME
			夏目OFF 「春の屋の 若おかみさん！	6+0
1242		走って行く 夏目 秋好旅館の ドライバがドアを 開け待っている	夏目 「バカおかみは 返上ぞ」	
				4+12
1243		T.U		4+12
				( )

CUT	PICTURE	ACTION	DIALOGUE	TIME
1244		T.U	おっこ「不思議な場所だね…」 真月「そうね…」	10+0
1245		T.U 合掌し6装丸で清めの入浴をするおっこと真月		7+0
1246			—間— 真月「あなた、前にユーレイ話してたわよね」 おっこ「うん」 真月「実は私声だけは聞いたことがあるの」 おっこ「！？…」 真月「寝むたくなり、お客さんに叱られたりした時に真月がんばっ 真月がんばって大丈夫って…」 おっこ「あ（声は出ない）」	
1247		おっこカット尻目だけで考える 真月の向うに美陽があってこちらを見ている	美陽「…」	20+0

454

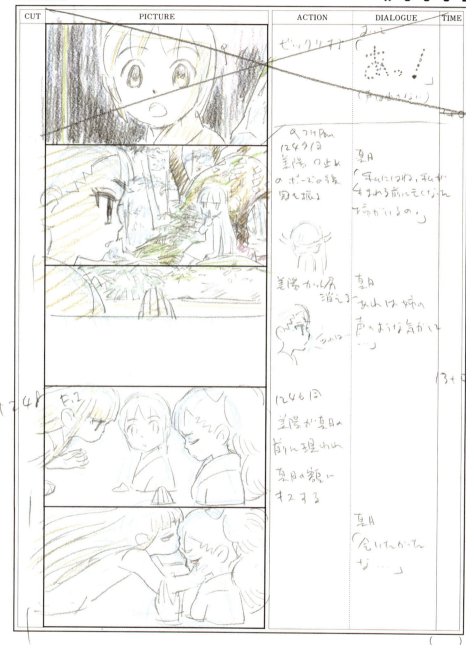

CUT	PICTURE	ACTION	DIALOGUE	TIME
1249		真白の目から涙溢れる		
		涙をぬぐう真白		9+0
1250		真白を抱きしめ真白びっくり	さぁ 起きようよ!	2+0
			むっ (うん!)	2+1

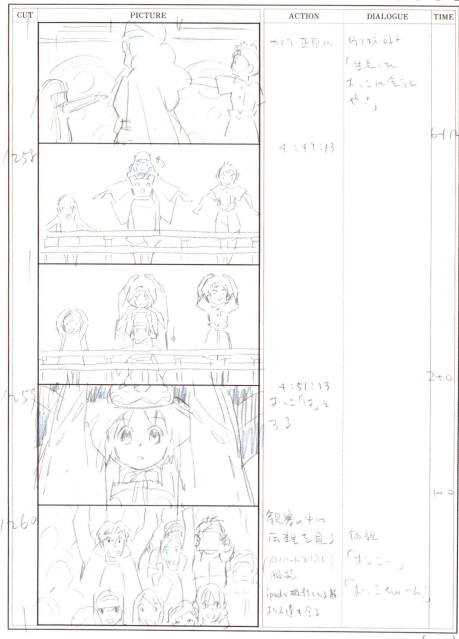

CUT	PICTURE	ACTION	DIALOGUE	TIME
		両親、浩さん 続いてグローリー	食器oftから (オクに)…	3+0
1261		4:56:00 ホンこの位置の 写真見入る敦 鳥の神生は CGそのゴ使用 ゼンとちぐ(入)	これが娘一様	2+0
1262		4:58:00 C950ぽい パーンに		

CUT	PICTURE	ACTION	DIALOGUE	TIME
		うり坊	「おいこ」	
		5:27:00 美陽 より	「おいこ」	
		うり坊・美陽 END 5:28:00 より カメラ正面へ減速		3+12
				( )

CUT	PICTURE	ACTION	DIALOGUE	TIME
129		5:28:13 ① 遠ざかっていく 神楽殿.		
		舞っている2人 が見える		
		TU OUT		
	TU OUT			5+0

466

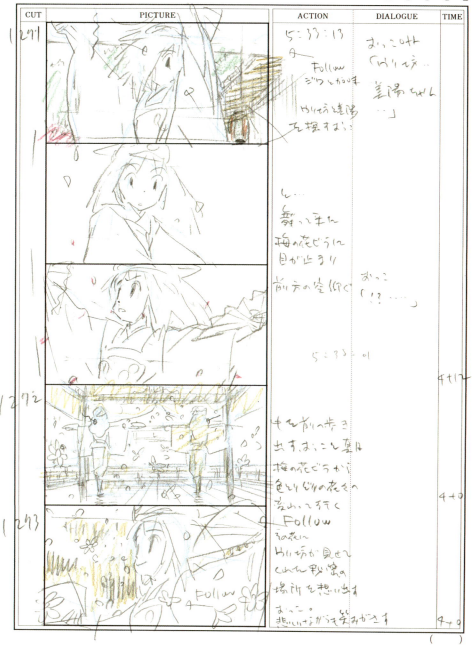

CUT	PICTURE	ACTION	DIALOGUE	TIME
1293				
				2+0
1294		このカットは Hなって2人 近づけて！ (のりなうまいこと夏日 ここづいて 笑顔を くるりと岩を向い ラズめポーズ！ そのまま舞う花々 だけてる気し W.OUT おわり		1+06
1295				3+0
1296		舞う花々をバックに エンドロールへ...		

468

絵コンテ決定稿と完成作品の主な差異

本書籍に収録した「絵コンテ決定稿」と完成作品の、主な差異は以下の通りである。なお、ここに上げているもの以外にも、セリフの変更や画の細やかな変更が行われている。なお、「cut7 絵コンテの1コマ目の画がカット」は、絵コンテのcut7で描かれた1コマ目の画（PICTUREの部分）のみが完成作品に存在しないという意味である。

【Aパート】

cut1
カット

cut7
絵コンテの1コマ目の画がカット

cut18
セリフは本書籍P10のcut18のものを活かし、画はP11の「cut18-変更分-」を使用。なお、現場で使われていた絵コンテ決定稿でも「cut18-変更分-」はこの位置に挿入されていた

cut29
絵コンテの1コマ目の画がカット（セリフは使用）

cut30
完成作品では、お父さんのセリフが「旅館のこと、考えなきゃなあ……」に変更

cut68
絵コンテの2コマ目の画がカット

cut70
完成作品では、このカットでタイトルが入る

cut71
カット

cut144
おばあちゃんのセリフ「私はほじってなんかないよ！」が「えぇ!?」に変更

cut209
完成作品では、このカットはcut205の前に移動

cut239
「キモチワルーイ」のセリフのみをcut238cで使用

cut240～248
カット

cut250
老紳士のセリフがカット（画は使用）

cut257
ウリ坊の姿とセリフはカット。完成作品では映像はおばあちゃんだけで、セリフはおばあちゃんと老紳士のものだけになった

cut261～262
カット

cut263
2コマ目、3コマ目の画のみを使用。cut264のセリフがこのカットから始まる

cut266
カット

【Bパート】

cut416
絵コンテの2コマ目のセリフはカット

cut417
絵コンテの1コマ目のセリフの「お連れしてだろ！」の部分はカット

cut433
完成作品では、あかねは振り向かない。セリフもカット

cut451
春の屋裏の小川に変更。cut439の兼用カットだが、cut439は昼間で、このカットは夜。こちらでは猪親子の姿はない

cut464
完成作品では、あかねは顔を上げずうつむいたままに。また、瞳が揺らぐ

cut525
絵コンテの2コマ目の画がカット
cut562
完成作品では、セリフの「色々交互になってるし……」の部分が、「習わしは万物の王 BYヘロドトス」に変更

【Cパート】

cut735〜745
グローリーの着物が、紫の縦縞柄に変更
cut757
カット
cut842
完成作品では、ウリ坊と美陽のリズムのとり方が腕をぐるぐる回す動きに変更
cut849〜855
完成作品では、グローリーの4回の試着のうち、cut850、cut852、cut854の服が変更

【Dパート】

cut912〜915
カット
cut916
カット
cut917
絵コンテの1コマ目はカット。4コマ目は糸居医師と鞠香の画とセリフ、及びおっこのセリフがカット
cut918〜928
カット
cut960
絵コンテの1コマ目の画がカット
cut975a
完成作品では、自分の部屋でさびしげに立つおっこに変更。cut965の兼用カットである

cut976
完成作品では、おっこの両親に変更。cut966の兼用カットである
cut1043
寅子のセリフの後に、文太の「膵臓は取ってねえよ」というセリフを追加
cut1051
絵コンテの3コマ目の、ウリ坊のアクションはカット
cut1052
絵コンテの1コマ目の、おっこの前に降りてくるウリ坊、2コマ目のおっこがウリ坊の身体を通り抜ける描写はカット
cut1053〜1055
絵コンテの3コマ目のセリフ「おっこそんな薄着で行くのかい？」のみをcut1056で使用。他は画もセリフもカット
cut1106
完成作品では、絵コンテの1コマ目と2コマ目の画が入れ替わっている
cut1166
完成作品ではこのカットの前に、おっこのバストショットが挿入される。cut1159、cut1162の兼用カットである
cut1244
完成作品ではこのカットの前に、お祭りの様子が2カット挿入される。cut4、cut3の兼用カットだが、モブのキャラクターは別のものとなっている
cut1260〜1261
鈴鬼のセリフ「ボクにはこれが精一杯」がカット

高坂希太郎監督インタビュー
Interview with Kitaro Kosaka

—— 高坂さんは監督作品以外でも『MASTERキートン』等のTVシリーズで絵コンテをお描きでしたね。元々、絵コンテを描くのが得意だったんですか。

高坂 いや、得意とか不得意とかはあまり気にしないで描いてました。僕はそんなに映画を観るほうでもなく、関心も薄かった。細田（守）さんや新海（誠）さん等が描くような映画的な画面作り、大画面を意識した画作りまでは、なかなか手が回らなかった。だから、今回の劇場版『若おかみは小学生！』も地味なレイアウトが多いはずです。次の機会があるのならば、もう少し映画的な画作りを意識して作りたいとは思っていますが、はてさて。

—— 今まで、スタンダードなカット割りと構図で絵コンテを描いていて、今回もその延長線上でやったということですね。

高坂 そうですね。予算もそんなに無いっていう話だったので。まあ、結局足りなくて、途中で予算を足してもらいましたが。バストサイズ、アップのカットを多用したほうが原画マンも楽だろうと思ったこともあり、割と単調なアングルを多用したというのもあります。

—— カメラワークもそんなには付けない？

高坂 僕はあまりアニメーションとしてイメージをして描いてないんです。マンガ的なデザインのキャラクターですが、頭の中では、実写のイメージなんです。映画によくあるような複雑なカメラワークを付けると、CGがパンクするというのもありましたし、自分のイマジネーションの限界との折り合いもあって、今回の絵コンテに至っています。

—— 頭の中での実写のイメージというのは、現実にいる人間をカメラで撮っているイメージなのでしょうか。

高坂 そうですね。だから、アニメ的な効率性というのを、あまりイメージできていないところはありましたね。簡単に描いたつもりだったんですが、作画に入ってから、原画マンさんに大変な作業を強いてしまったことが分かったカットがいくつかあります。

—— 今回の画面構成は、1カットの中で色んなことをするというのが特徴のひとつですね。

高坂 そうなんです。予算の関係もあって「カット数を増やさない」という方針もあったんですが。カットを細かく割って、セリフを言うキャラクターをそれぞれ見せたりしないで、1カットで処理したほうが、カット数は少なくて済むじゃないですか。

—— 1カットに複数のキャラクターを配置し、そのカット内でそれぞれにセリフを言わせたり、リアクションをさせたりする。例えば、宙にウリ坊が浮いていて、畳の上におっことおばあちゃんがいるカット等ですね（Aパート cut144）。

高坂 そうです。そういったやり方だと、当たり前ですが1カット内でやることが増えてしまうんです。その俯瞰の部屋のカットだと、さらに窓の外から陽の光りが入ってきて、おっこに影を落としているんですよね。それで手間のかかる処理が入ります。そういったカット処理に慣れてない原画マンだと、上手く組み立てられなくて、パンクすることもありました。その辺はこちらで組み立てを考えてから、指示しないといけない。

—— キャラクターデザインは、TVアニメ的といえなくもないですが、画作りは全然そうではないということですね。

高坂 そうかもしれないですね。でも、僕は今のTVアニメをほとんど観てないですし、今デジタルで何

ができるのかもよく分かってないところがありまして。ひょっとしたら、デジタルで処理できるものも多々あったのかもしれないですけれど。結局、描けるところは描いてしまおうという方向で動いていました。
── 鯉のぼりが空を飛ぶところは、ＣＧと手描きを組み合わせていたようですが、どう表現するかは絵コンテの段階で考えていらしたんですか。
高坂 いや、「今どきなんとかなるだろう」ぐらいな感じで。あそこは見せ場のひとつとして考えていたので、ちょっと凝った画面にしてもいいかなと思って描いたのですが、最初に担当された原画さんがレイアウト段階でギブアップされて。それで、撮影監督の加藤（道哉）さんと、どういうふうに作っていくのかを相談して。僕がざっくりとラフ原画を描き、原画の久保（まさひこ）さんに整えていただいて、なんとかかたちにできたという感じです。

圧縮しながら描いた絵コンテ

── 絵コンテを描いた順番ですが、映画の最初から描き始めたのでしょうか。
高坂 そうですね。後半以外は最初から描きましたね。
── 後半は？
高坂 後半といっても、本当にラストのラストですけれど。ちょっと順番を変えて描いたところがあるんです。それでちょっと齟齬が出ているかもしれません。
── シナリオと同時進行で絵コンテを描き出したんでしたね。
高坂 以前に手がけた『茄子 アンダルシアの夏』も、その次のＯＶＡの『茄子 スーツケースの渡り鳥』でも、シナリオは起さないで、原作のコピーにメモを描き込んでいったものをプロットとして、それを元にして絵コンテを描いているんです。今回もそんな感じでいけるんじゃないかって思ってたんですが、作業の効率性を考えて、ちゃんとシナリオライターを立てたほうがいいと、プロデューサーの豊田（智紀）さんが判断して、吉田（玲子）さんにお願いすることになったんです。僕は絵コンテを描くのが遅いので、できるところから進めちゃったほうがいいという判断で、最初のほうは同時進行で進めたということですね。
── シナリオは、高坂さんが書いたプロットを元にしているので、そんなに内容に違いがでなかったんですね。
高坂 シナリオが上がってから、それにあわせて絵コンテを直したところもあります。Ａパートの絵コンテをやっている途中で、Ａパートのシナリオが出来上がってきて。おっこが真月のことを「ピンフリ」と言ってしまうという、原作には無いエピソードを吉田さんが盛り込んでくださったんです。「これは面白い」と思って、そこは絵コンテをいじって、前後と繋がるかたちで入れています。
── シナリオと絵コンテが同時進行だったのはＡパートだけで、Ｂパート以降は決定稿になったシナリオを見ながらの作業だったんですね。
高坂 そうです。Ｂ、Ｃ、Ｄのシナリオについて打ち合わせをしながら、Ａパートの絵コンテを進めていく感じでした。Ａパートの神楽の部分も、最初は暫定的にイメージした神楽を描いていて、神楽の曲と舞の完成の後、それにあわせて描き直しています。
── 劇場版『若おかみは小学生！』はお話がみっちりと詰まっていますよね。絵コンテ段階で物語の密度を上げていったのでしょうか。
高坂 吉田さんのせいではなく、僕が立てたあれもこれもと欲張ったプランのためなんですが、シナリオの量が多かったんです。それをまとめるために複数のシーンをひとつにまとめるようなかたちで、探りながら、描いていきました。パズルを解くように絵コンテを描いていく作業は楽しいものでした。
── シナリオにある２、３のシーンをひとつにまとめるとか、そういったことですか。
高坂 ええ。上手くいくと「やった！」みたいな。
── 具体的にどんなかたちで圧縮したか覚えていらっしゃいますか。
高坂 おっこが鈴の音に気づく場面ですが、シナリオでは寝ていたおっこが鈴の音で目を覚まして、押し入れの中にあった鈴の入った箱を見つけるんです。その後に洗面所で歯を磨いているところへウリ坊がやってきて、次にまたおっこの部屋に戻ってウリ坊へ鈴について聞くという段取りでした。それを全部、物置だけのシーンですませたり。
　あるいは、よりこがおっこに「ピンフリには気をつけてね」と言うところも、２人が会話していてランドセル

をどかすと、ランドセルの陰で見えなかった真月の姿が現れる（編注：Ａパート cut361。よりことおっこの会話と、真月が立ち上がって２人の近くにやってくる芝居を１カットで表現している）、そんなふうに１カットで一石二鳥、あるいは三鳥を狙えるような構成を常に意識してました。

　それから、説明しなくてもいいと思えるところ、説明したからといって面白くなるかどうか分からないものは、思いきってカットしていきました。セリフがなくても伝わるものは、どんどん削っていったんです。

　吉田さんの完成されたシナリオを更にブラッシュアップするように、カットするだけでなく、書かれていない言外にあるもの、吉田さんのシナリオを読むことによってイメージしたものは盛り込んでいきました。

―― おっこがウリ坊のことを言ったところで、おばあちゃんが聞き返さないで「え？」と言って、別の話を始めるようなところもありますね。

高坂　そうですね。セリフも問いかけに対して答えるんじゃなくて、その人が言いたいことを言うというかたちで。本来なら会話になってないんだけれど、情報が観客に伝わるようなかたちになっていれば、それでよしとして作っていきました。

―― シナリオにあって、絵コンテを描く段階でカットした部分としては、どんなものがあったのでしょうか。

高坂　細かいところはもう覚えてないです。一番大きな変更としては、実はシナリオだと、お客さんが４組来るんですよ。その３組目が食事制限のかかった稲田という老人と、その孫娘だったんです。３組目と４組目のお客さんがＤパートに入る予定だったのですが、とても収まらないので３組目をカットすることにしました。Ｄパートの絵コンテを描き始める段階で、演助の清川（良介）君と飲み屋で打ち合わせして、そんなに盛り上がるところでもないので切ったほうがいいんじゃないかということになりました。４組目の客である木瀬文太に、３組目の稲田老人にあった食事制限がかかった状態であるという設定を重ねました。ただ、稲田老人が秋に来るお客さんだったので、登場をカットしたことで、秋と冬が曖昧な感じになりましたね。

―― 春夏秋冬で４組のお客さんがくるというプランだったんですね。絵コンテの決定稿にあるけれど、カットされて、完成映像には無い部分もありますね。

高坂　そうですね。結構切りましたね。どういうところを切ったのかは覚えてないですが。

―― Ａパートの老夫婦が泊まっている部屋で、おばあちゃんと老夫婦が会話してるところとか。

高坂　絵コンテを描き進んでＤパートまでいったところで、尺が足りなくって、Ａパートまで戻って、切れるところを切っていったんです。その段階で切ってしまったところだと思います。

―― おっこが鈴鬼君の鈴を見つける場面はさっきも話題になりましたが、おっこの背後にウリ坊が出現するのもカットされていますね。

高坂　そうですね。あそこは繋ぎもよくなかったと思います。おっこが鈴を手に持ったカットがあり、その次の箱にふたをするカットでは、最初から箱の中に鈴が収まっている。カットとしては繋がってないんですけど、仕方なかった。鈴を箱に戻す部分も原画は上がってたんですけど、切らざるを得なかった。

―― 決定稿にある部分で、一番大きくカットされてるのがＤパートの最初にあったお母さんとおばあちゃんの回想です。それと、おばあちゃんの具合が悪くなったことに関する描写ですね。

高坂　娘を喪った峰子の想い。そして、おばあちゃんが倒れたことで、おっこは追い詰められる。追い詰められたところを真月に突かれ、初めて見せるおっこの激昂に繋げたかったんですが、やはり尺の問題で切らざるを得なかったというところですね。どこを切るかということについては、豊田さんや清川君とかと色々話をしました。切るとしたらＡパートの少女時代と、Ｄパートでおばあちゃんが倒れるところのどちらかで。やはりおっこがメインの話なので、おばあちゃんのくだりは切ったほうがいいんじゃないかということと、その段階で本田（雄）さんに作画してもらった少女時代のほうは既に色まで付いていたので、倒れるところを切ることにしました。

―― おばあちゃんの具合が悪くなったということを描いても、それに対する受けが映画の中には無いですよね。おばあちゃんの具合は悪いまま映画は終わってしまう。

高坂　そうですよね。セリフで「ちょっと疲れが溜まっただけで、大したことはない」と言わせたとしても、説明のための説明になってしまうし。ただ布団に横たわっ

474

てるだけなので、画的にも面白くない。そういうこともあってカットすることにしました。ただ、僕としては、おっこにとって凄くひどいことを言われたことにしておいたほうが、おっこが自分の感情を抑えてアドバイスを乞いに行くことのハードルが、高くなるだろうというのはあったんです。そういう意味では、活かしたいと思ったんですけどね。それから、お母さんとおばあちゃんの回想については、まだ黒髪が多い時代のおばあちゃんが現れて、お母さんと話をするというシチュエーションが、画的に面白いのかなと思ったというのもあります。

—— あれは昔、お母さんもおばあちゃんのことを心配していたということを描く場面ですよね。

高坂 そうですね。あれはおばあちゃんが夢で見た思い出なんです。おばあちゃんが倒れた時に、身重のお母さんが着物を着て、旅館の手伝いをしていた。それで身重の娘を働かせるわけにはいかないと言ったところで、お母さんのお腹が動く。そこで目が覚めると、学校から帰ってきたおっこが傍らに居るという展開です。そういった流れができると綺麗かなとは思ってたんですけどね。おばあちゃんにしても亡くした娘のことについて、ちょっと想いがあるということを示すシーンにもなったと思うんですけど。

—— そして、お母さんとおっこが、同じようにおばあちゃんのことを想っている。

高坂 ええ。家族感みたいなものが出るのかなあと思いました。おばあちゃんについては、ここまであまり描かずに来ているので、娘夫婦を亡くしたことについての想いを匂わせるという意味でも必要な場面だったかなとは思いました。豊田さんはあったほうがいいんじゃないかって言ってましたけど、まあ、泣く泣く切ったというところですね。ノベライズではこのシーンがあったと思います。

—— 絵コンテをDパートまで描いたところで、Aパートまで戻ってあちこちカットしたとおっしゃっていましたが、Dパートは尺的な余裕が無かったんですね。

高坂 そうですね。余裕がありませんでした。余裕は無いけれど、プロットやシナリオになかったシーンを盛り込みたかったし（笑）。少しは映画的にすることを意識して舞台を考えつつ、膨らませたり詰めたり削ったりみたいな作業でしたね。

スキンシップとオウム返し

—— 劇中でおっこが何度か夢を見て、それが重要なポイントとなっていますね。

高坂 両親の夢を何度見せるのかということを考えたんです。最初は夢の中に両親が現れて、そのうち現実の世界で白日夢的に両親を見るようになる。それぞれを3回ずつやって、その3回目の白日夢で両親が別れを告げるという展開にしようと思いました。だから夢で3回、現実の白日夢で3回。

—— グローリーさんの自動車の中に現れたのは、現実世界の白日夢なんですね。

高坂 そうです。夢はおっこが布団の中に入っていくところと、着物を着たお母さんが「先生にご挨拶しなきゃね」と言うところ。それから「ねえ……お父さんとお母さんは生きてるんだよね?」と尋ねるところ。そこは夢のつもりで描きました。白日夢は自動車の中と、改めて自動車が走り出す前、そして、最後ですね。

夢の扱いについては、シナリオ打ち合わせの段階では、僕の中で上手く固まってなかったんです。「何度か夢を見せてください」と曖昧なかたちで伝えて、シナリオを書いてもらったので、吉田さんのシナリオと随分違っているかもしれません。学校に行く前にお母さんが着物を着る夢は、絵コンテを一度描いて、それから随分経ってから足しています。

—— なるほど。

高坂 夢でどんな演技をさせるかについても考えました。なるべく今回はセリフではなく、スキンシップを使って関係性のようなものを描けたらいいなあと思っていたので、布団の中で頭を撫でられたり、ほっぺたをつねられたりしています。2つ目の夢では、おっこの指をお父さんが口で咥えていますよね。3つ目の夢は、全然触れ合ってはいないんですけど。

これはお母さんを演じて頂いた鈴木杏樹さんに「両親が旅館に思い入れが無い!」と言われて「あっ」と思ったんですけど、両親も一緒に旅館の手伝いをして、親子3代で旅館を手伝うような夢があってもよかったかもしれないですね。

—— もしも、それがあったら、ハッピーな夢になっていましたね。

高坂 そうですね。

―― スキンシップといえば、お父さんがおっこの身体を引き寄せる描写（Aパート cut15）、アルバムを見ている時におばあちゃんに身体を寄せる描写（Aパート cut267 等）が新鮮でした。

高坂 スキンシップを使って話を進めていけるんだったらそっちを取ろうと思ってましたね。おっこが寄り添えば、観客にもおばあちゃんとの関係性を感じてもらえるじゃないですか。

グローリーさんとのやりとりについても考えました。精神科医が患者さんを診る際、患者の話を聞きながら、オウム返しで応える。そうすると、打ち解けて患者の方から喋ってくれるという話があります。だから、グローリーさんが最初に登場した場面では、おっこに暗幕を被せて、ちょっとグローリーさんと似た格好をさせるところから始まって、その後、おっこが着付けをする時も、体をくっつけ、腰に手を回して「グローリーさん、ウエスト細い」と言う。あそこでグローリーさんは気持ちがほぐれたんじゃないかと思うんです。多分、観客も小学生ならではの気安さで懐の中に入ってくるおっこに、親近感を覚えたと思うんですよね。浴衣のファッションショーがあって、おっこが真似して同じポーズを取る。つまり、ボディランゲージのオウム返しですよね。で、その後、温泉に潜っていたグローリーに対して「私も一人で入るとよくやります」と言う。

―― あ、なるほど。徹底してますね！

高坂 そうですね。そこは凄く意識して表現したところです。セリフでのやりとりはそんなにはないんだけど、観客の方達も、最後にグローリーさんが助けに来ても違和感を抱かないくらいの繋がりを感じてもらえるんじゃないかなと思いました。ただ、ヒヤヒヤしたというのもあります（笑）。

―― ヒヤヒヤしたというのは？

高坂 そのつもりで描いたけれど、実際どういう結果になるのかは、掴みにくいところではありましたね。あそこのおっこの数少ないセリフが、より的確だったかというのも心配な点ではありました。

グローリーとの関係性はある程度回数を重ねないと、観る側が最後に彼女が胸騒ぎを感じて助けにくるまでにおっこと距離を縮めたことについて、納得しないような気がしていたんです。ただ、それをやるだけの尺は無いので、ボディランゲージと言葉によるオウム返しとスキンシップを重ねたんです。

―― 少ない描写で2人の気持ちが近づいたことを示さなくてはいけなかったんですね。

高坂 グローリーにとっても、気丈に見えたおっこも本当は苦しい思いをしていたのを知って、自分の苦しい思いをおっこに話すことができるという流れになるんじゃないかなと。

―― 失恋したことは、今まで他人に言っていなかったかもしれないわけですね。

高坂 ええ。おっこに気を許さないと、それは言わない。そこはあまり不自然にならないようにとは思いましたね。

シナリオ打ち合わせの段階で迷ったのは、楽しい買い物の後にPTSD（心的外傷後ストレス障害）の症状を見せるのか。あるいはPTSDの後に買い物に行くのかということでした。どちらにしようかなと思ったんですけど、そこは吉田さんが、PTSDを克服したようなかたちになってからのほうが、気持ちよく買い物ができるんじゃないかと言ってくれて、そちらでいくことになりました。買い物の後にPTSDになり、映画後半に向けておっこの不安な感じを高めるという方法もあったと思うんですが、あのかたちにしてよかったのではないでしょうか。

―― 映画にスピード感があるので、観ている間はあまり気にならないですが、ウリ坊、美陽、鈴鬼ってあまり活躍していないんですよね。

高坂 そうですね。おっこに寄り添うだけです。でも、あまり活躍の場を増やすと、幽霊達の話にもなってしまう。あくまでもおっこメインの物語だというのはありました。あんまり寄り道すると尺的に……。尺の話ばかりになってしまいますけど（笑）。

―― 活躍するのではなく、あくまで見守っている。

高坂 ええ。それから、2人は成仏させなくてはいけなかったんです。ウリ坊は峰子ちゃんが覚えていてくれたということで、心の手当ができて成仏する前段はできましたけど、美陽については何も手当がなかった。最後の神楽の前に、真月が姉の声に気づいていて、姉のことを想っていると知ることができて、それで手当ができたんです。

―― 温泉のシーンのやりとりですね。あの温泉での

真月のセリフがないと、手当されないまま成仏をしないといけなかった。
高坂 そうですよね。
── ウリ坊は映画の前半で成仏してもよかったんですか。
高坂 そうです。でも、おっこが一人前になるのを見届けたいという想いもあったでしょうし。神楽を舞って、初めて若おかみになるんだろうとも思っていたので。
── そうなんですか？
高坂 （笑）。旅館を継ぐ決意があって選ばれた神楽ですから。そこを立派にこなす。おっこの成長の証しのようなものですよね。

格言キャラとダジャレ

── 劇場版『若おかみは小学生！』を観て、泣いた方が大勢いるようですね。ここまで観客の感情に訴えかけるものになると、想像されていたのでしょうか。
高坂 泣かせようとは思ってましたが、どのくらい反応してもらえるかは分かりませんでした。制作中に周りの反応を見ると「これはやばい。泣いてしまう」と言ってその場でコンテを読んでくれないスタッフが何人かいたので、これは大丈夫かもしれないとは思っていました。
── 映画の序盤から泣いていた観客もいるようですね。
高坂 そこは僕にはよく分からなかったですね。「行ってきます」で泣けるっていうのは、相当に涙腺が弱い方かもしれないです。あるいは何か近しい体験があった方なんでしょうね。また、原作でもウリ坊と峰子の昔話は、ホロっとするところだった。あかねの母親のために陰膳を用意するのは、色々な資料を読んでいる中で、亡くなった旦那さんと来たかったという女性のために陰膳を用意したという加賀屋旅館さんのエピソードを知って、これは泣けるなと思って採り入れたものです。
陰膳と言えば、あかねが「あーあ」と言って、泣き声になっていくっていうのが凄く上手くいったと思っています。声優の方は本当に巧いですよね。しみじみとそう思いました。タレントさんの芝居も生っぽくていいんですけど。
── 声優と言えば、老夫婦の旦那さんも存在感がありましたね。
高坂 旦那さんは大学の先生のような、インテリだと思っていたんです。最初はそうではなくて、普通のおじさんのような芝居だったのですが、そこは音響監督の三間（雅文）さんが上手く声優さんに指示をしてくださって、あのかたちになりました。
それ以外も、三間さんには随分フォローしていただきました。僕は言語化が不得意で、例えば演じてもらったセリフが違う感じだった場合「こう言ってほしい」と、自分でセリフを言ってしまうんですが、三間さんは自分で言うのではなくて「この時、この子はどう思ってる？」と問いかけたり、距離感等の空間的なものも含め、より具体的な状況を想起させるように導いていくんです。その指導が凄く上手で感心して見てましたね。
── 木瀬文太役の山寺（宏一）さんの演技も印象的ですが、山寺さんは最初からああいった感じだったんですか。
高坂 そうですね。最初にどういう人間なのかを具体的に説明させていただいて、後はもう大船に乗った安心感で、収録時には既に観客になってました（笑）。
── 喋り方にちょっとヤクザっぽい感じがするのは。
高坂 ええ、その辺もニュアンスとして入れていただきました。
── 木瀬はトラックの運転手なんですよね。だから、名前が文太なんですよね。
高坂 そうです（笑）。
── おばあちゃんが台帳を見るところで、彼のフルネームが分かる。それを見て勘がいい観客は「ああ、文太ということはトラックの運転手か。あの事故の時の運転手に違いない」と気づくという仕掛けですよね。
高坂 分かりやすいと思ったんですけど（笑）。でも、気づかない人が多かったようですね。そういった細かい遊びは色々あるんです。教室の場面で、ウリ坊が習字に書かれた赤丸を投げますよね。その習字で書かれた文字は「瑣事」なんです。
── ああ、なるほど。匙を投げた。
高坂 そうです。ダジャレですね。
── おばあちゃんとおっこがアルバムを見た場面で、ウリ坊が部屋を出ていく時に、ウリ坊の足音がしますよね。幽霊は足音がするんですか。
高坂 それはおっこがどう感じるかなんですよね。僕

はウリ坊と美陽については、幽霊として登場しているけれど、イマジナリーフレンドかもしれないというつもりで描いているんです。おっこがそこで歩いているウリ坊を感じれば、足音がしてもいいんだろうと思ったんです。だから、音響スタッフが付けた効果音を取らないで、そのままでいくようにお願いしました。

── 絵コンテのト書きによると、おっこが真月に頭を下げに行った場所って、秋好旅館の図書室なんですね。

高坂 そうです。お客さんも入れるし、一般にも開放しているぐらいのつもりでした。だから、あちこちに机や椅子が置いてあるんです。

── 相当に豪華な図書室ですよね。

高坂 どうせなら派手なほうがいいかなと思いました。真月については、彼女が「ピンフリ」と呼ばれる存在であることに説得力を持たせる方向で考えました。それで、どんな物言いをするのか、自宅の様子はどうなのか等を考えた。「ピンフリ」というニックネームありきで設定したということですね。

── 真月は非常に素晴らしい人格者でしたよね。努力家だし、敵に塩を送るし。

高坂 できすぎな子ですよね。そこは原作も同様に描かれてます。この劇場版では登場するパートが少ないので、登場した時にはなるべくインパクトを残したいと思っていました。頻繁に格言を言うのは、最初はギャグでやってたんですけど、令丈（ヒロ子）先生も真月のパーソナリティを表現するにはいいアイテムではないかと言ってくださったので、劇場版のみ、格言キャラになりました。

── ギャグとして考えたということは、トンチンカンな格言を言う可能性もあったんですか。

高坂 ダジャレとして考えていたんです。真月が「スティーブ・ジョブズ」と言ったのに対して、おっこが聞き間違えて「ドブス？」と言う。「トルストイ」と言ったら、「『トイ・ストーリー』は2しか観てない」とボケをかますということを最初は考えていたんですけど。それは、大分早い段階でなくなりました。令丈先生に「おっこが言うセリフとしては『ドブス』というのは言葉として強すぎるんじゃないか」と言われたんです。確かにその通りだと思って、だったら、ウリ坊に言わせるのはどうかと食い下がったんですけど（笑）。結局はなくなりました。

── 当初は「格言」と「ボケ」がセットだったんですね。

高坂 ええ。それで最後の最後に真月が「大切なものは目には見えないのよ」と言って、初めておっこが真月が引用した言葉が分かって「星の王子さま！」とボケではない返しをする予定でした。実際にやったら、上手くダジャレにできる偉人の言葉を持ってくるのに苦労しただろうし、尺のことを考えてもやらなくてよかったと思います。

今のかたちに落ち着いてよかった

── 冒頭の神楽で、お面がアップになったところで、カカンという音が入って、場面が車に乗っているおっこ達に移りますよね。その後に事故に遭うので、神楽のお面が不吉なものであるようなかたちになっています。あれは狙いなんですか。

高坂 神楽の演奏の音を、事故のシーンに被せるというのは、最初から構想としてありました。笛のピィーという不穏な感じで、リアルな音を消したいと考えたんです。説明はしてないですけど、僕が作った神楽のストーリーは、この映画の物語とダブらせています。狼イコール、事故の加害者として描いていたんです。だから、狼のアップを見せた後で、トラックが来るという展開にしました。

── 神楽だと狼が人を殺してしまって、それで猟師が退治しようとするんですよね。だけど、猟師は殺すことができなかった。どうして殺すことができなかったんですか。

高坂 やはり険しい山をかき分けて、猟師も狼も、それぞれに怪我を負って、挫いたりなんかして。ある意味、艱難辛苦を共にしたというか、一心にそれぞれの存在を感じて追い詰め、追い詰められる。そして、ようやく追い詰めて、辿り着いた自然の温泉で、身体を治そうと湯を浴びている狼を見た時に、猟師は矢を撃てなかった。ひょっとしたら、そこで神の声を聞いたのかもしれないです。それで狼を殺さず、その温泉を村に取り入れるようになったのが、花の湯温泉の起源だということにしています。

── 猟師と狼がその場で一緒に温泉に入ったわけではないんですか。

高坂 神楽では一緒に湯を浴びている動きがあります。

温泉では狼も攻撃的なところは見せなかったのかもしれないですね。後に温泉を使うようになるくらいですから、その場で猟師も浸かっていると思います。

―― 人を殺めた狼も、仇を取ろうとした猟師も一緒に温泉に入った。それが「花の湯温泉は誰も拒まない。全てを受け入れる」という伝承の始まりだったんですね。

高坂 最後の神楽では、おっこが狼役になるんです。相手の気持ちにも理解を示すというか、相手の身になるようなことがあっていいのかなと思って、そうしました。おっこだって、立場が違えば加害者側の立場になるかもしれませんからね。それから、キャラクター的にも、真月が矢を射るほうが似合いそうですし。

―― この作品のために、神楽の舞と曲を作ったんですよね。

高坂 ええ。神楽は三部構成になっていて、冒頭でおっこと両親が見ているのが一部、最後におっこと真月が舞うのが三部です。

―― 二部は劇中では描いていないんですか。

高坂 事故の寸前にインサートされるのが二部です。内容としては猟師が弓を射ようとするまさにその時までが、二部となります。神楽は全部で5分強の長さで、曲は全部使っていると思います。最後のパートは短かったので、繰り返しを入れて少し長めにしています。

―― 今回の劇場版で、尺がもう10分あったら、まるで違う構成になっていましたか。

高坂 これは難しいですね。この尺だから上手くまとまったんだと思っています。10分あったら、おばあちゃんが倒れた話は入ったと思うし、下手したら、稲田老人のエピソードも入ったかもしれないですものね。作品としてのまとまりを考えれば、それが無くてよかったと思うし、今のかたちでよかったんじゃないですかね。

ただ、ラストの部分は、もう少しだけ時間があれば、あれほどの急展開にならずに済んだかなと思います。グローリーさんが現れてから、おっこが立ち直るまでが早すぎたんです。あそこはもう少し時間を割いてもよかったなあと思いますね。

―― ですが、あのスピード感のある展開が、観てる人を惹きつけたのかもしれないですよ。

高坂 そうなんですけど、もう少し引っかかるようにすればよかったと思っているんです。例えば、真月が木瀬親子を連れて行こうとしているのに対し、グローリーさんが「この場は私に任せて」と言って外に出ようする。それをおっこが止めるような画があって次のシーンへ行く。その数秒があればまた違ったと思うんです。

―― なるほど。

高坂 観客の方達は「おっこはどうするんだろう？」と思って観たから、そんなに急展開に感じなかったかもしれないですね。このあたりの場面は、白日夢で両親が現れる場面の前に、描いてしまったんです。

―― このインタビューの序盤で、順番を変えて描いたところがあると言われていましたが、そこなんですね。

高坂 そうです。木瀬文太が加害者だと気がついた時に、両親が現れる描写はシナリオには無くて、絵コンテで足した部分なんです。そこでどんなやりとりをすればいいのかが思いつかなくて、先にグローリーさんの車の中にいるところ以降を描いてしまった。だから、感情の流れについて、ぎくしゃくしたところがあるかもしれないです。

―― いや、そんなことはなかったと思います。

高坂 スケジュール的に追い詰められていて、とにかく描けるところを先に描かざるを得なかったんです。最初は両親が現れても、おっこは泣かないつもりだったんですよ。それで、グローリーさんを見て初めて泣く。ずっとそうするつもりだったんです。

両親が現れたところで泣かせたくなかったのは、主人公が泣きながら走るクライマックスが、ありがちなものに思えたからです。だけど、両親が出てきて、涙を流すかたちで描いてみたら、これが王道かなと思った。周りの反応もよかったので、泣かしてしまったんです。泣きながらウリ坊と美陽の名前を呼ぶほうが、観ている人達の心に響くと思ったし、ウリ坊の身体を通り抜けるのも、泣きながらのほうが効果が高いと思いました。そこについても、今のかたちに落ち着いてよかったと思っています。

これがこの作品の肝と考えます。

■プロフィール
1962年2月28日生まれ。神奈川県出身。スタジオジブリとマッドハウスでの仕事が多く、スタジオジブリでは『もののけ姫』『千と千尋の神隠し』『ハウルの動く城』『風立ちぬ』（いずれも作画監督）等に参加。マッドハウスでは『茄子 アンダルシアの夏』『茄子 スーツケースの渡り鳥』『若おかみは小学生！』等で監督を務め、アニメーターとして『MASTERキートン』（キャラクターデザイン）に参加。

未使用絵コンテ

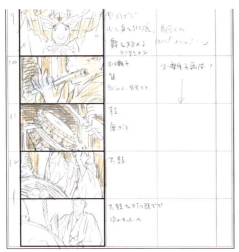

A／cut9〜12

Aパート
cut9〜12

映画冒頭の神楽。神楽の曲と舞が出来る前に、暫定的に描かれた絵コンテの一部だ。このバージョンでは鳥居君が演じているのが狼ではなく、鹿である。

Bパート
cut581〜587

鯉のぼりとウリ坊のアクションの後半。当初はこの内容で作画が進められていたのだが、主にはカットを減らして総尺を調整するために、このパートは短いものとなり、ウリ坊が鯉のぼりに飲み込まれる展開はなくなった。

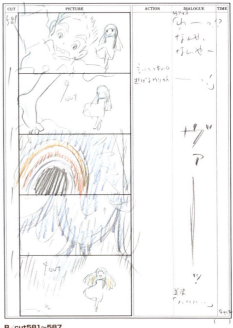

B／cut581〜587

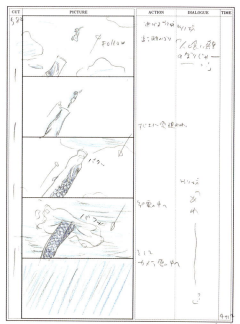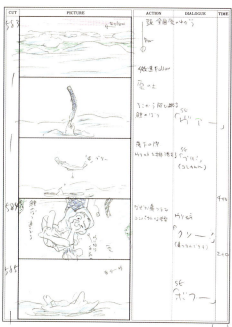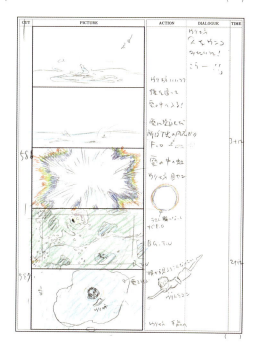

Cパート
cut812〜822

PTSDの症状が現れたおっこが、グローリーの自動車から走り出して海に落ちそうになり、それをウリ坊が彼女に憑依して助ける。高坂希太郎監督によれば「映画らしいダイナミックさが必要かと思い、描いてみた場面です」とのこと。他のスタッフに見せる前に、高坂監督自身が没にしたパートである。

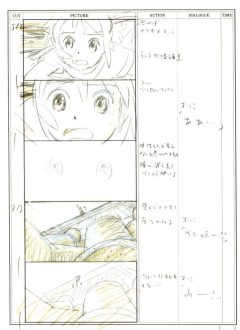

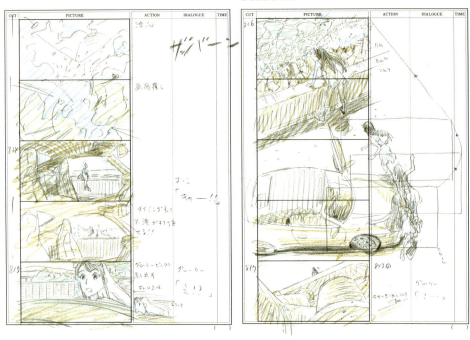

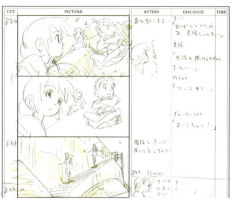
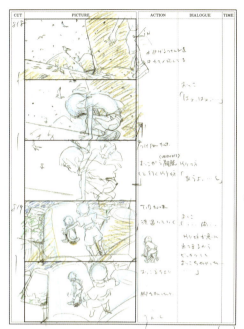

Cパート
cut820~826

海辺におっこたちがいるところで、大きな波が来て、おっこがのみこまれる。グローリーの自動車も波をかぶる。cut812～822と同じく、映画的なダイナミックさを狙って描かれたものである。

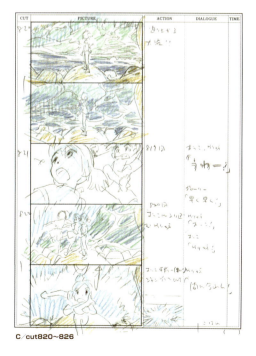

C／cut820～826

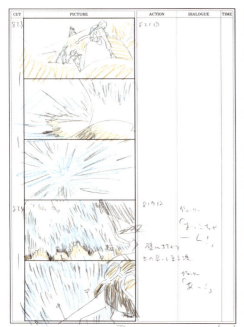

Dパート
cut943～945

cut942 から続くかたちで描かれた部分。絵コンテ決定稿では、鈴鬼が「お別れの時」ではなく「ウリ坊と美陽のことを完全に感じられなくなる時」が近づいていると言う。

D／cut943～945

Dパート
cut986〜988

神楽の練習の途中で、おっこが扇子を落とし、転んだ後の別バージョン。絵コンテ決定稿ではここから、おっこと真月のケンカが始まり、しばらく続くことになる。

Dパート
cut1067〜

夜道を行くおっこが美陽の存在に気づく。美陽は能力を使って、おっこの身体を跳ばして、秋好旅館へと連れて行く。絵コンテ決定稿のこの場面では、おっこは美陽の声を聞くことはできたが、姿を見ることはできないという展開になった。

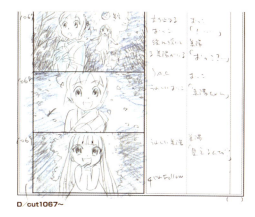

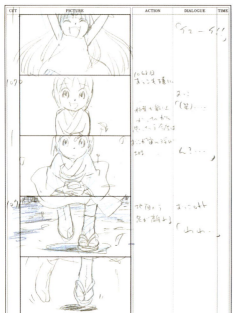
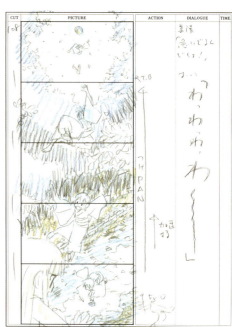
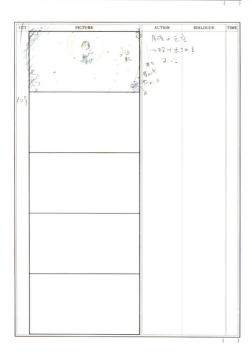

[作品データ]

【公開データ】

劇場公開／2018年9月21日
上映時間／94分
配給／ギャガ

【メインスタッフ】

原作／令丈ヒロ子、亜沙美（絵）（講談社青い鳥文庫）
監督・絵コンテ・演出／高坂希太郎
脚本／吉田玲子
作画監督／廣田俊輔
美術監督／渡邊洋一
美術設定／矢内京子、渡邊洋一
衣装設定協力／大崎結衣、篠原ぱらこ
色彩設計／中内照美
CG監督／設楽友久
撮影監督・VFXスーパーバイザー／加藤道哉
演出助手／清川良介
編集／瀬山武司、木村佳史子
音楽／鈴木慶一
音楽プロデューサー／田中統英
音響監督／三間雅文
音響効果／倉橋静男、西佐知子
音響制作デスク／蔦村京子
制作統括／齋藤雅弘
制作プロデューサー／豊田智紀
製作／若おかみは小学生！製作委員会
アニメーション制作／DLE、マッドハウス

【メインキャスト】

関織子（おっこ）／小林星蘭
秋野真月／水樹奈々
ウリ坊（立売誠）／松田颯水
秋野美陽／遠藤璃菜
鈴鬼／小桜エツコ
関峰子／一龍斎春水
田島エツ子／一龍斎貞友
蓑田康之介／てらそままさき
関正次／薬丸裕英
関咲子／鈴木杏樹
神田幸水／設楽統（バナナマン）
神田あかね／小松未可子
グローリー・水領／ホラン千秋
木瀬文太／山寺宏一
木瀬寅子／折笠富美子
木瀬翔太／田中誠人

ANIMESTYLE ARCHIVES

劇場版
「若おかみは小学生!」
絵コンテ 高坂希太郎

2019年2月25日　第1刷発行

アニメスタイル編集部 編

劇場版『若おかみは小学生!』スタッフ
原作／令丈ヒロ子
原作イラスト／亜沙美
脚本／吉田玲子
監督・絵コンテ／高坂希太郎

［発行者］　小黒祐一郎
［発　行］　株式会社スタイル
　　　　　〒170-0013　東京都豊島区東池袋1-34-1
　　　　　広告塔センタービル3階
　　　　　TEL 03-5953-3986
［発　売］　株式会社メディアパル
　　　　　〒162-8710　東京都新宿区東五軒町6-24
　　　　　TEL 03-5261-1171
［装　丁］　井上則人、坂根舞、土屋恵里奈（井上則人デザイン事務所）
［印刷所］　株式会社シナノパブリッシングプレス

定価はカバーに表示してあります。
禁・無断複製。本書の内容についてのお問い合わせは
株式会社スタイル宛にお願いします。

ISBN 978-4-8021-3140-7　C0076
© 令丈ヒロ子・亜沙美・講談社／若おかみは小学生！製作委員会